Jassna Sroka

Wach auf, Prinzessin!

Die eigene Schönheit entdecken

D1701475

BRUNNEN

VERLAG GIESSEN · BASEL

Für meine Mutter.
Für meine Schwestern.
Für meine Töchter.
Philo, Orla, Joyce, Bobbie, Brenda, Käte, Yvonne.
Jacinda, Frauke, Steph, Mona, Heidi, Jessica, Petra, Heike.
Martha, Jessi, Pia, Annabell, Hacer, Steffi, Janina,
Andrea, Nadja, Nicole, Tini, Joschi.
Ich bin stolz auf euch.

Danke, Peter-Hannes und Alexa Länge!

Die Bibelzitate sind, wenn nicht anders angegeben, entnommen
aus: Hoffnung für alle – Die Bibel, Brunnen Verlag Gießen und
Basel 2002, © 1986, 1996, 2002 by International Bible Society,
Colorado Springs, USA
Zitat von Nicole Kidman S. 46 aus: Hello! Magazine,
Nr. 925 vom 4. Juli 2006
Artikel S. 93-95: Jassna Sroka in: Charisma Nr. 137,
Jan-März 2006 (gekürzt und bearbeitet)

© Brunnen Verlag Gießen 2008
www.brunnen-verlag.de
Umschlagfoto: Corbis, Düsseldorf
Umschlaggestaltung: Sabine Schweda
Satz: DTP Brunnen
Druck: CPI – Ebner & Spiegel, Ulm
ISBN 978-3-7655-4012-7

Inhalt

Einladung zu einer persönlichen Entdeckungsreise

Dies ist ein Buch über eine persönliche Entdeckungsreise zum Frausein. Insofern ist es ein Buch, das sich bewusst an Frauen richtet. Die geliebten und geschätzten Herren sind herzlich eingeladen, es ebenso zu lesen. Sie mögen es mir aber nachsehen, wenn ich mich im Folgenden ausdrücklich an die weibliche Hälfte der Schöpfung wende, weil ich gewissermaßen „von Frau zu Frau" schreibe und dich, Prinzessin, ganz persönlich ansprechen möchte. „Wach auf, Prinzessin!" soll dir Lust und Mut machen, selbst auf die Reise zu gehen, um zu entdecken, was an schlummerndem Potenzial in dir steckt.

Nicht, als ob die Tatsache, dass wir als „Mann" oder „Frau" auf die Welt kommen, ein Geheimnis wäre. Kein Mensch wacht eines Morgens auf und stellt: „Huch!" voller Überraschung fest, dass wir zum einen oder anderen Geschlecht gehören. Nein, wir wachsen mit der Geburt in diese Seite unserer Identität hinein. Aber ist uns darum alles Potenzial dieser Tatsache „automatisch" bewusst?

Nur weil ich als Menschenkind in der Regel zwei Hände und zehn Finger habe, kann ich doch nicht automatisch Klavierspielen, Nähen, Motoren auseinandernehmen. So weiß ich nicht alles über das Mann- oder Frausein, nur weil ich eine Frau oder ein Mann bin. Unser

Umfeld und unsere Kultur prägen, wie wir uns selbst als Mann oder Frau wahrnehmen, wie wir uns untereinander definieren und zueinander verhalten. Gerade hier, im eigentlich Selbstverständlichen, gibt es „Normalität", die sich zu hinterfragen lohnt, gibt es spannende Dinge zu entdecken und zu lernen. So habe ich im Verlauf meiner persönlichen Reise Beobachtungen und Erfahrungen gemacht, die mir neu waren. Davon handelt dieses Buch.

Mit neuen Augen sehen

Wer weiß, weshalb sich „Wach auf, Prinzessin!" gerade in deinen Händen findet. Viele Gründe können dazu führen, uns zu einer bestimmten Zeit im Leben mit einem Thema zu befassen. Vielleicht ist es ein neues Thema, in das du einmal hineinschnuppern wolltest. Vielleicht ist das Entdecken der eigenen Schönheit neu für dich. Vielleicht ist „Identität" ein Dauerbrenner in deinem Bücherregal, ob als Mann oder Frau. Vielleicht ist es Zufall, ein Geschenk.

Manchmal stöbert man nur, sucht etwas, aber nichts Bestimmtes und begegnet (in Büchern) Menschen, die einen inspirieren, etwas Vertrautes mit anderen Augen zu sehen. In mein Leben kam vor einigen Jahren eine ganz neue Größe, die mein Verständnis von Frausein auf den Kopf stellte: Gott! Darum ist die „Neuentdeckung" des Frauseins, von der ich berichten will, eine Reise voller ungewohnter Alltagserfahrungen und Gedanken über Gott, der Menschen mit Absicht als Frau und Mann geschaffen hat.

Dass es da jemanden gibt

Lass mich ein wenig ausholen, um zu beschreiben, wie ich Gott das erste Mal begegnet bin. Als ich ungefähr sechzehn war, hatte ich eine Freundin, die sich als „Christin" bezeichnete. Ich fand das etwas anmaßend; schließlich mischte sie damals in einer Clique mit, die sich aus einer evangelischen Jugendgruppe entwickelt hatte. Wir waren auch Christen, oder nicht? (Ärger, grummel ...) Was ich allerdings zugeben musste, war, dass sie es viel ernster mit dem Glauben nahm als ich, als wir anderen. Unsere Konfirmation war mehr oder weniger ein Vorwand, Geschenke in der Verwandtschaft abzustauben. Und tatsächlich schien sie eine viel klarere Vorstellung davon zu haben als ich, wer Gott sei und wie er Sachen sehe (was ich oft etwas engstirnig fand). Auch die Beziehung, die sie zu Gott hatte, war irgendwie anders als meine. Ich war von klein auf in dem Bewusstsein aufgewachsen, dass es da jemanden oder etwas gebe. Größer als ich, höher, etwas oder einer, der die absolute Macht hatte. („Gott sieht alles" habe ich mir wie einen weißhaarigen, langbärtigen Opa vorgestellt, der mit einem Bürostuhl von einem Videomonitor zum nächsten rollt, damit er auch wirklich alles sieht!)

Irgendwann kam der Tag, da wir zusammen ein Gebet sprachen: „Gott, wenn es dich wirklich gibt (und wenn du wirklich so bist, wie meine Freundin sagt), dann zeig dich mir auf dem Nachhauseweg." Es waren ungefähr vier Minuten mit dem Fahrrad von ihrem Haus zu meinem Haus, dazwischen lediglich eine alte Bahnschranke.

Nicht gerade viel Spielraum, aber er würde sich schon zeigen, versicherte sie mir. Und tatsächlich: Ich fuhr um ein Haar in den Kofferraum eines knalligen 1970er-Jahre-Audis (wo der Insasse Hut trägt). Hinten drauf ein Aufkleber: „Jesus liebt dich!" Ich wusste genau, tief in mir drin, dass das die Antwort auf mein Gebet war. Und war einen Moment lang ganz benommen von der Realität dieser übernatürlichen Reaktion auf meine Worte. Was ich mehr als spielerische Herausforderung denn als Bitte formuliert hatte, hatte Gott ernst genommen. Und sich mir in einem unerwarteten Gewand gezeigt. Mit einem Autoaufkleber. Ich war baff. Und überzeugt.

Damit hatte ich nicht gerechnet. Mein Gebet war erhört worden. Und nun musste ich einen Schritt weiter gehen: Ich musste mich entscheiden, was ich nun damit anfangen würde. Ich musste darauf irgendwie reagieren.

Gott okay – aber Jesus?!

Aber „Jesus"?! Dazu fielen mir nur Jesuslatschen tragende Späthippies ein. Gitarre spielende, leider durch und durch uncoole Menschen: lieb – aber langweilig. „Gott" hatte ich mir irgendwie noch als interessant und auch für meine jugendliche Welt als relevant vorstellen können. Und „irgendwie" spürte ich ihn auch. Aber mit Jesus wollte ich doch nichts am Hut haben. Und so entschied ich mich trotz des Audis dagegen, dieser Leuchtspur zu folgen. Ich ignorierte die Gebetserhörung und wandte mich wieder meinem selbst gestrickten Gottesbild zu, das mir besser in den

Kram passte, weil es mir zeitgemäßer, freier, offener und auch „irgendwie" spiritueller zu sein schien. Ich wandte mich ab und ging meinen eigenen, mehr und mehr von Esoterik geprägten Weg. Fast zwanzig Jahre später war ich dann am Ende mit meinem spirituellen Latein. Mein Leben war auf allen Ebenen in eine Sackgasse geraten. Seelisch, geistlich und finanziell auf Grund gelaufen (und gar nicht mehr cool), habe ich dann den Weg zu Jesus zurück gefunden. Und so viel mehr gefunden als einen „rettenden Anker"…

Warum erzähle ich das? Ich schreibe aus der Perspektive einer Frau, die sich von Jesus geliebt und angenommen weiß und heute voller Freude und Überzeugung im Glauben lebt. Meine Erlebnisse sind nicht einfach auf andere übertragbar, aber andere können daraus hoffentlich Anregungen und Impulse für ihr Leben nehmen. Ich habe so viel innere und äußerliche Veränderung erlebt, dass ich einfach nur staunen kann, wenn ich zurückschaue. Aber mein Blick geht nicht nur dankbar zurück in die Vergangenheit. Wenn ich nach vorne schaue, habe ich Hoffnung, dass dies erst der Anfang war. Dass ich noch *mehr* erwarten kann.

Eine neue Perspektive des Herzens

Ich möchte dich auf eine Entdeckungsreise einladen. Nicht, „weil alles anders werden muss". Sondern weil ich fest davon überzeugt bin, dass alles bereits anders *ist*. Wir müssen uns gar nicht anstrengen, glaube ich. (Das ist mal ein entspannender Gedanke, nicht? Nicht schon wieder etwas anders machen müssen. Überhaupt: müssen. Nicht noch mehr leisten, kapieren, unternehmen, versuchen.) Sondern? Mit anderen Augen sehen, eine neue Perspektive des Herzens erhalten und sich dazu einfach nur gedanklich küssen lassen.

Darum soll dies kein Ratschläger sein, sondern vielmehr eine Art Reisebericht, der beschreibt, wie sich mit Gott mein Selbstverständnis als Frau komplett verändert hat. Gott ist gut! Und so einfallsreich und kreativ, dass es Spaß macht, sich mit dem zu befassen, was er geschaffen hat, es zu schätzen und zu pflegen, zu fördern und zu entfalten: mit uns. Als Frau. Und allem Möglichen, was dazugehört, gut riecht, schön aussieht, anregt. Darum lade ich dich ein, dir dieses Buch ganz zu eigen zu machen. Vielleicht sprühst du es zur Abwechslung mal mit deinem aktuellen Lieblingsduft ein? „Frausein macht Spaß!", lautet die Devise. Und: „Männer sind etwas Wunderbares!" Zusammen wird ein Schuh draus, wird ein kraftvolles, fruchtbares und erfüllendes Leben möglich – ein Leben, das Lebendigkeit schafft. So wie Jesus sich das gedacht hat, wenn er in der Bibel sagt, dass er gekommen ist, um Leben zu schaffen, und zwar Leben im Überfluss!

Ich allein bin die Tür. Wer durch mich zu meiner Herde kommt, der wird gerettet werden. Er kann durch diese Tür ein und aus gehen, und er wird saftig grüne Weiden finden. Der Dieb kommt, um zu stehlen, zu schlachten und zu vernichten. Ich aber bringe das Leben – und dies im Überfluss (Johannes 10,9-10).

I.
WACH AUF, PRINZESSIN!

Es war einmal eine Prinzessin ...

... die saß in ihrem Königssessel und schlief. Auf ihrem Haupt hatte sie eine Krone, am Leib trug sie ein herrliches Gewand und in ihrer Hand ein kostbares Schwert. Sie war wundervoll gemacht und durch und durch schön. Aber sie schlief und wusste nichts davon.

Eines Tages kam der Herr der Heerscharen. Er beugte sich ganz vorsichtig über sie und küsste sie. Als sie nun erwachte, schaute sie in seine Augen und erkannte, wer sie immer schon gewesen war: die Tochter eines allmächtigen, gütigen Königs, die Braut eines leidenschaftlichen, geliebten Sohnes und die Verbündete eines allwissenden und allgegenwärtigen Helfers. So stand sie auf und begann ein neues Leben. Sie lernte den Königssohn kennen und lieben. Mit seiner Hilfe erkundete sie das Königreich und lernte, worin ihre Privilegien und ihre Aufgaben bestanden. Sie lernte ihre Feinde kennen und besiegen. Und wenn sie nicht verschlafen hat, regiert sie noch in Herrlichkeit.

1. Mit liebenden Augen

Es mag dich überraschen, dass das Erwachen der Prinzessin hier mit einem scheinbar oberflächlichen Thema beginnt: Schönheit.

Wir Frauen und die Schönheit

Die Bedeutung, die unser Aussehen für das Frausein hat, ist eigentlich allgegenwärtig. Beim morgendlichen Blick in den Spiegel, bei der Wahl unserer Kleidung, unserer Ernährung, unserer Freizeitgestaltung. Unser Körper, unser Gesicht, unsere Figur, kurz: wie wir aussehen, ist Teil unseres Selbst. Damit möchte ich Frausein nicht auf das Äußere reduziert darstellen! Und doch spielt unser Äußeres auf der Suche nach unserer weiblichen Identität eine wichtige Rolle. Als eine mehr oder weniger geliebte Seite unseres Lebens hat es einschneidende Bedeutung dafür, wie wir und unser Umfeld uns als Frau wahrnehmen. Egal, ob wir uns selber mögen oder nicht, ob wir uns sehr viel oder möglichst wenig damit beschäftigen: Unser Aussehen hat einen großen Anteil daran, wie wir uns als Frau in unserer Welt bewegen. Und wie wohl wir uns in unserer Haut fühlen, hat direkte Auswirkung darauf, ob wir die biologische Tatsache, eine Frau zu sein, genießen, auskosten und unterstreichen oder eher dulden, überspielen oder am liebsten ignorieren …

Wie viele verschiedene Facetten das Frausein auch mit sich bringt – beim Thema Schönheit haben wir gleich einen zentralen, vielleicht *den* wunden Punkt der weiblichen Identität am Wickel. Autsch! Wie gern wir uns mit dieser Seite unseres Selbst identifizieren, kann je nach Tagesform und -zeit, nach Wetter, Lust und Laune variieren. Je nachdem, in welchem Abschnitt des Monatszyklus wir uns befinden, je nachdem, wie gut die Lieblingsklamotte sitzt.

Und so unterwerfen sich weibliches Selbstbewusstsein und Selbstwertgefühl allzu oft äußeren Maßstäben und definieren sich Frauen anhand der Kilos auf der Waage, anhand der begehrten Kleidergröße und lassen sich von ihrem Spiegelbild diktieren, wie sie sich sehen und fühlen. Der Blick geht nach außen, in den Spiegel, in die Augen der Umwelt, in die Zeitschriften, Schaufensterauslagen, auf die Kleidung der Mutter, Freundin, der Film- und Fernsehstars, und schließlich in die Augen der Männer in unserem Leben. Von außen erhoffen wir uns die Antwort auf eine weibliche Herzensfrage: „Bin ich schön?" Dabei schwingen noch weitere Ebenen mit: „Bin ich in Ordnung, wie ich bin? Bin ich wertvoll?" Und im Grunde ein existenzielles: „Bin ich liebenswert?"

Darum hat unser Verhältnis zu unserem Aussehen eine viel tiefere Bedeutung als nur äußerliche. Es steckt mehr dahinter, als blond, braungebrannt, groß, schlank oder hübsch zu sein. Die Eigenart und Schönheit sehen zu können, die *jede* Frau hat, ist von großer Bedeutung dafür, wie sich eine Frau als Frau wahrnimmt.

Die Prinzessin, die erwacht, war wundervoll gemacht und durch und durch schön. Sie hatte geschlafen und nichts von ihrer Schönheit gewusst. Diese wird nun ein wichtiger Teil ihrer erwachenden Identität und eines anderen Verständnisses von sich selbst. Das heißt eigentlich geht ihr erster Blick in die Augen desjenigen, der sie geweckt hat. Einmal aufgewacht, schauen ihre Augen dem neuen Gegenüber in die Augen. Und dann an sich herunter: Hallo. Wer bist du, wer bin ich?

Durch die Beziehung zu Gott habe ich angefangen, meinen Wert, meine Kostbarkeit und Besonderheit als Frau zu sehen. Und mittlerweile kann ich gar nicht mehr anders, als andere Menschen, und besonders Frauen, mit ebensolchen Augen anzuschauen: Augen, die die Möglichkeiten sehen, die Schönheit und Besonderheit.

Sich selbst als schön zu empfinden, die eigenen Besonderheiten selbstbewusst und liebevoll zu unterstreichen, für andere Menschen sichtbar (und attraktiv) zu sein – das alles hat für mich eine Menge mit Gott zu tun, auch wenn es manchem auf den ersten Blick vielleicht nicht einleuchten mag. Ich denke mir, dass es sich schlicht und einfach gegenseitig bedingt: Wer sich selbst durch eine ewige Liebe als wertvoll und liebenswert sehen kann, kann sich auch lieben lassen. Und damit den ersten, wichtigsten Schritt zu einer gelingenden Beziehung gehen. Zwischenmenschlich, ganz allgemein, ohne dass ein Prinz oder eine Prinzessin um die Ecke warten muss.

Das Lied von der Liebe ...

Im Folgenden, liebe Prinzessin, gebe ich dir ein paar Lieblingspassagen aus dem Hohelied zu lesen. Dieses schönste aller Lieder von Salomo ist ein Stück Poesie aus der Bibel. Als solches hat es verschiedene Ebenen der Deutung (und es gibt viel, was man darüber lesen kann, falls es dich interessiert). Dass es als poetische Literatur seinen Weg in die Heilige Schrift gefunden hat, gibt dem Hohelied etwas mehr Gewicht und Autorität, als „nur schön" zu sein. Manche sehen in dem Wechselgesang zwischen Mann und Frau (so ist es geschrieben) ein poetisch ideales Modell von der romantischen (und erotischen) Liebe. Manche lesen es als Vorausdeutung der Beziehung zwischen Jesus Christus und seiner Braut. Die Braut steht in der Bibel auch für die „Gemeinde Jesu", die weltweite Schar derer, die an Jesus glauben. Insofern wäre es auch symbolisch für das Liebeswerben Gottes um sein Volk. Das schließt viele „Umworbene" ein: Christen und Juden, dich und mich, die, die ihn schon kennen, und die, die er für sich gewinnen möchte.

Manche lesen es sinnbildlich für ihre persönliche Liebesbeziehung zu Jesus. Dies ist eine individuellere Lesart, bei der es für Frauen sicher einfacher ist, sich mit der „Freundin" zu identifizieren, als für Männer. Hier einige Strophen als Kostproben – einfach, sinnlich, voller Liebe und Schönheit. Und einfach schön! Stell dir vor, jemand, der dich liebt, sänge es dir vor, und lass es auf dich wirken.

Wie schön du bist, meine Freundin.
Deine Wangen sind von Ohrringen umrahmt,
deinen Hals schmückt eine Muschelkette.
Ein Geschmeide aus Gold sollst du haben
und Perlen um den Hals, in Silber gefasst! ...
Wie schön du bist, meine Freundin,
wunderschön bist du, deine Augen glänzen
wie das Gefieder der Tauben.

(Hohelied 1,9-11+15 in Auszügen)

Steh auf, meine Freundin, meine Schöne, und komm!
Die Regenzeit liegt hinter uns, der Winter ist vorbei!
Steh auf, meine Freundin, meine Schöne, und komm!
Versteck dich nicht wie eine Taube im Felsspalt!
Zeig mir dein schönes Gesicht
und lass mich deine wunderschöne Stimme hören!

(Hohelied 2,10-11+13-14 in Auszügen)

Wie schön du bist, meine Freundin, wie wunderschön! Deine Augen ... dein Haar ... deine
Zähne ... deine Lippen, sie sind schön geschwungen.
Hinter dem Schleier schimmern deine Wangen.
Dein Hals ... dein Schmuck ... deine Brüste ...
Deine Schönheit ist vollkommen, meine Freundin,
kein Makel ist an dir.

Komm mit mir, meine Braut,
steig mit mir herab vom Libanon.
Denn dort leben die Löwen und Panther!
Du hast mich verzaubert, mein Mädchen, meine Braut.
Mit einem einzigen Blick hast du mein Herz geraubt.
Schon die Kette deines Halsschmucks zog mich in deinen
Bann! Wie glücklich macht mich deine Liebe,
mein Mädchen, meine Braut!
Ich genieße deine Liebe mehr als den besten Wein.
Dein Duft ist bezaubernder als jedes Parfüm.
Mein Mädchen ist ein Garten, in dem die schönsten
Pflanzen wachsen. (Hohelied 4,1-10+12)

*W*ie schön du bist! Deine Liebe macht mich glücklich. (Hohelied 7,7)

*L*ass mich deinem Herzen nahe sein.
Ich möchte einzigartig für dich bleiben.
Unüberwindlich wie der Tod, so ist die Liebe,
und ihre Leidenschaft so unentrinnbar
wie das Totenreich!
Wen die Liebe erfasst hat, der kennt ihr Feuer:
Sie ist eine Flamme Gottes! (Hohelied 8,6)

Die Schönheit, die uns hier vor Augen steht, ist Schönheit, die mit liebenden Augen wahrgenommen wird. Und so sehr sich die Augen des Liebenden am sichtbaren Äußeren der Geliebten freuen, so wenig oberflächlich wirkt doch die Liebe. Auf diese Weise stellen diese Passagen einen engen Zusammenhang zwischen Schönheit und Liebe her. Dabei wird die menschliche Liebe mit der Liebe Gottes verknüpft. Die Quelle dieser Liebe ist Gott selbst, dessen Feuer im Liebenden brennt.

Die Bibel ist voll von Versicherungen der immensen Liebe und bedingungslosen Annahme Gottes für seine Geschöpfe: *„Denn Gott hat die Menschen* (und damit auch mich und dich) *so sehr geliebt, dass er seinen einzigen Sohn für sie hergab. Jeder, der an ihn glaubt, wird nicht zugrunde gehen, sondern das ewige Leben haben"* (Johannes 3,16). Gott hat sein Kostbarstes, seinen geliebten Sohn, aus Liebe hergegeben.

Dies spricht von einer Liebe, die mir geschenkt wurde, ohne dass ich darum gebeten hätte. Dieser Gott hat eine Liebe, die mir eine Wahl lässt, die nicht aufrechnet, nicht erst abwartet, auf Nummer sicher geht, sondern alles gibt, selbst auf die Gefahr hin, dass ich nichts davon wissen will. Mutige, großzügigste, selbstlose Liebe, die mir ganz persönlich gilt. Das Evangelium zeigt mir eine Liebe, die mich und jeden einzelnen Menschen als Hauptgewinn behandelt.

Wunderbar und einzigartig gemacht

Mit den Worten König Davids vermittelt uns die Bibel, wie kostbar wir in Gottes Augen sind:

Du hast mich geschaffen –
meinen Körper und meine Seele,
im Leib meiner Mutter hast du mich gebildet.
Herr, ich danke dir dafür, dass du mich so wunderbar
und einzigartig gemacht hast!
Großartig ist alles, was du geschaffen hast –
das erkenne ich!
Schon als ich im Verborgenen Gestalt annahm,
unsichtbar noch, kunstvoll gebildet im Leib
meiner Mutter, da war ich dir dennoch
nicht verborgen. *(Psalm 139,13-15)*

Wir sind nicht reine Zufallsprodukte, keine Laune der Natur, kein x-beliebiges Ergebnis beim Roulette der Gene. Menschen sind keine Massenanfertigung. Kein Mensch ist wie der andere, kein Fingerabdruck gleicht dem anderen, egal, wie viele Milliarden hier gleichzeitig die Erde bevölkern. Nein, so wie ich bin, bin ich mit Absicht geschaffen worden. Der allmächtige, allwissende, allgegenwärtige Schöpfer der komplexesten Molekularbiologie, der kleinsten Atomstruktur, der Berge, Meere, Kontinente und des gesamten Weltalls hat sich etwas dabei gedacht. Er hat mein Lächeln vor sich gesehen, meine Stimme im Ohr gehabt, und meine Fettpölsterchen sind für ihn keine Überraschung.

Er kennt mich, kennt dich gut. Unsere Vorlieben und Abneigungen sind für ihn kein Geheimnis. Was du magst, wie du auf bestimmte Dinge reagierst, wie man nach einem Streit am besten mit dir umgeht, wie er mich und dich nach einem stressigen Erlebnis am besten wieder aufbaut, all diese Kleinigkeiten weiß Gott. All diese Kleinigkeiten sagen immer wieder: „Du bist mir wichtig!" Sie geben mir das Gefühl, für Gott kein unwichtiger, beliebiger Mensch zu sein. Keine Kleinigkeit ist ihm egal, weil er mich liebt. Gott hat sich etwas dabei gedacht, als er mich und dich so gemacht hat, wie wir eben sind.

Liebe macht sehend

Mir ist aufgefallen, dass meine Freundin, mit der ich seit einem halben Jahr die Wohnung teile, immer schöner wird. Nun ist sie tatsächlich mitten in einem Prozess, ihre Weiblichkeit mehr und mehr zu entdecken und die schönen Seiten des Frauseins zu genießen. Sie hat immer mehr Freude daran, sich dezent, aber wahrnehmbar (!) zu schminken, Schmuck zu tragen und Kleidung zu suchen, die ihre Figur unterstreicht, statt sie zu verstecken. Insofern wird sie tatsächlich immer „sichtbarer".

Aber was ich mit „immer schöner" meine, sind eher die ungeschminkten Augenblicke, morgens im Bademantel mit hochgezauselten Haaren, ungeduscht, beim Zusammentreffen in der Küche. Wenn sie ihren lauwarmen Kaffee aus ihrem speziellen Becher schlürft und gedankenverloren an ihrem Toast mit Nutella herumkaut. Und ihr dann eine Erinnerung, ein Gedanke kommt, der sie zum Lachen bringt, oder sie wieder einmal etwas von mir durch und durch Ernstgemeintes komisch findet und sich dann noch mehr über meine Entrüstung amüsiert.

Dann ist sie im klassischen Sinne nicht vorzeigefähig, sieht aber so hübsch und mit ihrem Lächeln so fröhlich aus, wie ich sie früher nie gesehen habe. Mittlerweile kenne ich einfach viel mehr Facetten ihres Gesichts, ihrer Figur, ihres Ausdrucks. Und weil ich sie jetzt besser kenne als vorher, weil wir uns noch besser verstehen, lerne ich noch viel mehr Seiten an ihr zu lieben, wird sie immer schöner. Auch wenn sie nicht so fröhlich dreinblickt. Selbst wenn sie traurig, bedrückt oder ergriffen ist. Ich sehe viel mehr, was in ihr vorgeht, verstehe immer besser, wie sie Dinge meint, wie manche Sachen bei ihr ankommen, wie sie mit Situationen umgeht, die ich vorher gar nicht so unmittelbar mitbekommen habe. Und so wächst im Laufe unseres Zusammenwohnens unsere Freundschaft. So gibt es in der Vertrautheit und Verbundenheit zwischen Menschen immer mehr zu entdecken. So macht Liebe „sehend", macht Liebe einen Menschen buchstäblich schön.

Liebe macht schön

Das heißt aber nicht, dass wir uns geliebte Menschen „schön gucken", die im Grunde eigentlich nicht schön sind. Gibt es objektive Schönheit überhaupt? Wer hat sie am besten erfasst: Michelangelo, Rubens, Picasso,

Vogue? Es gibt Schönheitsideale und gelungene Proportionen, oder bestechende Merkmale, die eine Mehrzahl an Betrachtern als „gut aussehend" bezeichnen würde. Für manche sind Hanna Montana oder Claudia Schiffer, Ingrid Bergman oder Uschi Glas das Abbild weiblicher Perfektion. Aber wie schnell gehen die Geschmäcker auseinander! Wer sieht deiner Meinung nach besser aus, Prinzessin: Colin Farell, Brad Pitt oder Peter Alexander?

Ein ebenmäßiges Gesicht oder ein schlanker Körper allein würden allerdings nicht ausreichen, um eine Person als attraktiv zu bezeichnen. Was manche auszeichnet, liegt nicht in ihrem Aussehen begründet. Wahrscheinlich liegt darum Schönheit, wie es sprichwörtlich heißt, am ehesten im Auge des Betrachters.

Also wird Schönheit doch eher „schön gesehen"? Ich glaube, es ist anders herum: Je mehr wir einen Menschen lieben, desto mehr entdecken wir das, was an ihr oder ihm schön *ist*. Und gleichermaßen: Je mehr ein Mensch selbst liebt und sich geliebt weiß, desto mehr entfaltet sich seine und ihre Schönheit. Frischverliebte sind dafür das beste Beispiel. Oder glückliche Schwangere, die dieses Leuchten haben. Oder Omas und Opas, die Händchen halten. Eltern, die noch mal nach ihrem schlafenden Kind sehen. Freunde, die sich einig sind. Freundinnen, die gemeinsam etwas für jemand Besonderen basteln. Jemand, für den Freunde eine tolle Geburtstagsparty geschmissen haben. Jemand, der voller Erwartung als Überraschung am Flughafen wartet.

Ganz persönliche Schönheit ...

Unsere persönliche Schönheit wird auch dann sichtbar, wenn wir selbst mit uns im Reinen und zufrieden sind. Nach einem Erfolgserlebnis vielleicht, einem guten Gespräch. Manchmal reicht auch ein ruhiges Wochenende oder einfach genug Schlaf. Wenn wir uns etwas getraut haben, wenn etwas gut ausgegangen ist, wenn wir etwas hinter uns gebracht (oder endlich angefangen!) haben. Beim Kaffeetrinken, Abwaschen, beim Beten, Busfahren, Kuscheln. Oft sind das Augenblicke gedankenverlorener Schönheit (vor sich hin summend), unbeobachtete Momente, die so vital und doch kaum bemerkbar sind, außer im inneren, seelischen Gleichgewicht. So lieben wir uns selbst oft in großer Selbstverständlichkeit in den Zwischenzeiten, zwischen dem Auf oder Ab, an den Schwellen des Alltags.

... ist lebendige Schönheit

Und schließlich sind Menschen für mich immer dann besonders schön, wenn sie so richtig in ihrem Element sind. Mein Vater zum Beispiel, wenn er sein Frühstücksei zubereitet. Eine besonders hübsche Freundin, die immer dann am schönsten ist, wenn sie mitten in einer angeregten Debatte zu Wort kommt und ihre Beobachtungen und Fragen an den Mann bringen kann. Oder meine zweite Mitbewohnerin, wenn sie auf dem Weg zum Tennismatch in der Küche noch schnell ein Glas Wasser trinkt. Selbstvergessenheit, bei der gleichzeitig alle Sinne gespannt und anwesend sind. So hat mein älterer Bruder früher sein Eis von der Waffel geschleckt. So hat meine fröhlichste Freundin ihre Weihnachtskarten geklebt. So selbstvergessen, wie mein bester Chef bei ersten Besprechungen eines neuen Projektes dasaß. Oder mein jüngster Bruder, wenn er Gastgeber ist und Leute verwöhnen kann. Innerlich die Hände reibend, angeregt, nicht überspannt, nein. Eher gelöst, locker, federnd, wie ein freudig brummender Motor, der entspannt auf Touren kommt.

Mir ging es so, als ich mit „meinen Mädels" aus der Gemeindejugend im Wohnzimmer saß, ihnen zuhören und für sie da sein konnte. Meinem besten Freund geht es sicher so, wenn er seine Radiosendung zusammenstellt. Oder wenn er mit lauter Musik im Auto einen Kumpel besuchen fährt. Meine Mutter lebt auf, wenn sie Menschen beschenken kann. Eine Freundin blüht auf, wenn sie näht oder mit ihren Söhnen spielt, wenn sie ihre vielen Termine organisiert bekommt und wenn sie sich am Ende eines produktiven Tages mit einem Glas Rotwein hinsetzen und ungestört eine gute CD hören kann.

Das Leben lieben

„In seinem Element sein" kann so viele Tätigkeiten umfassen, wie es Menschen gibt. Was sie verbindet, ist, wie sie getan werden. Das ist vielleicht eine maximale und gleichzeitig ganz selbstverständliche Anteilnahme des ganzen Menschen in diesem Augenblick. Das ist wahrhaft kindliche Selbstvergessenheit. Wie ein Junge, der einen Brief an seine Mama schreibt, konzentriert, stolz, die Zunge fast an der Nasenspitze. Als wäre alles in uns bereitwillig und voller Freude in die momentane Tätigkeit eingebunden, der ganze Mensch voller Vergnügen auf diesen einen Moment eingestellt: „Oh ja, das mache ich gerne. Das kann ich gut, das bringt mir Spaß. Das ist schön. Das ist angenehm. Das wird gut. Das wird jemandem Freude machen. Da kann ich umsetzen, was ich gelernt habe. Ich freue mich schon ..." Ob es Kochen, Skilaufen, Musikmachen oder Autofahren ist – wo ein Mensch in seinem Element ist, pulsiert er voller Leben. Es sind vielleicht diese Momente unreflektierter Hingabe, in denen wir am meisten mit der Welt um uns herum verbunden sind. Da ist am wenigsten „Luft", am wenigsten Abstraktion, am wenigsten Abstand zwischen uns und dem, was wir tun oder denken. Unsere Verbundenheit und Hingabe weisen darauf hin, was wir lieben und was uns kostbar ist. Wir blühen auf, wenn wir uns ganz an jemanden oder in etwas hineingeben können. Hingabe macht Menschen schön. Das Fundament für Schönheit aber ist die Liebe.

DIE EIGENE SCHÖNHEIT ENTDECKEN

Innere und äußere Schönheit

Deine innere Schönheit kommt zur Entfaltung, wenn du wirst, wer du bist. Und das wird sich auf deine äußere Erscheinung ebenso auswirken wie auf die gesamte Qualität deines Lebens, deiner Beziehungen. Und nicht zuletzt der Liebesbeziehung zu deinem Mann – ob du verheiratet bist oder noch darauf wartest. Aber auch, wenn du gar nicht die Absicht hast zu heiraten, ist deine Schönheit ein wesentlicher Teil deiner Identität.

Es mag nach traditionellem Verständnis nicht das erste Anliegen sein, was eine Frau anstrebt, die ihr Leben nach Gott ausrichtet. Schönheit ist allzu oft ein Attribut, das als „weltlich" oder oberflächlich eingestuft wird. Veranstaltungen mit Frauen in christlichen Gemeinden schließen selten Beauty-Tipps, Ernährungs- oder Typberatung ein. Und doch haben mich meine Erfahrungen zu der Überzeugung gebracht, dass die Entdeckung der „äußeren" Schönheit eng mit der Erkenntnis zusammenhängt, wie kostbar und schön ich in Gottes Augen bin.

Kleiner autobiografischer Rückblick

Es begann eigentlich ganz unspektakulär. Ungefähr zwei Jahre waren nach meiner bewussten Entscheidung vergangen, mein Leben in Gottes Hände zu geben. Ich war seitdem dabei herauszufinden, wer Jesus von Nazareth war, was die Bibel zu meinem täglichen Leben sagt und wie ich, gemeinsam mit anderen Christen, diesen für mich neuen Lebensweg gehen kann. Ich hatte erlebt, wie Gott Gebete erhörte (bekam den neuen Job!), wie er helfend in meine Lebensumstände eingegriffen hatte (bekam die billigere, schnuckelige Wohnung!) und wie es sich immer wieder als die bessere Lösung erwies, Gott an die erste Stelle in meinen Entscheidungen zu stellen (ein Urlaub auf der Missionsstation war das bis dahin schönste Abenteuer, das ich je erlebt hatte).

Ich hatte einen Kreis neuer Freundinnen ganz unterschiedlichen Alters gefunden. Obwohl wir in verschiedenen Lebenssituationen waren, verband uns die Liebe zu Jesus auf eine mir neue und tiefe Weise. Wir verbrachten viel Zeit miteinander, hatten jede Menge Spaß, ebenso wie tiefgehende Gespräche. Oft verbrachten wir (wie eine Truppe Teenies) ganze Wochenenden gemeinsam, klönten, gingen ins Kino, auf Konferenzen, lachten, beteten und weinten miteinander und lernten dabei einander (wie auch uns selbst) mit der Zeit ziemlich gut kennen.

„Colour Me Beautiful" – *ein Tag bei der Farbberatung*

Eines Tages kam eine von uns auf das Thema Farbberatung. Sie hatte bereits in Amerika Gutes von „Colour Me Beautiful" gehört und fand wenig später eine Kosmetikerin, die sich auf diese Schule der Farbberatung verstand und günstige Beratungen bei sich zu Hause anbot. Nacheinander gingen wir alle zu ihr, und schließlich war auch ich soweit, es einmal auszuprobieren.

Ich werde nie vergessen, wie ich da im Kosmetikstuhl saß, einen Kittel umgehängt und eine weiße Haube über mein Haar gezogen, damit meine Haarfarbe nicht verwirrend ins Spiel käme. Denn es ging darum herauszufinden, welche „Farbtemperatur" am besten zu meinem Teint, der ungeschminkten Gesichtsfarbe passt. Das heißt: Ob mir warme oder kalte Farben besser stehen, ob ich besser aussehe, wenn ich eher blau- oder eher rotstichige Farbtöne in meiner Kleidung trage. (In dieser speziellen Schule der Farbanalyse werden den Farbgruppen Jahreszeiten zugeordnet: 1. „Frühling" – warme Pastellfarben, 2. „Sommer" – kalte Pastellfarben, 3. „Herbst" – warme Vollfarben, und schließlich 4. „Winter" – kalte Vollfarben. Es gibt auch Schulen, die nur die Einteilung in warme und kalte Farben bevorzugen, ebenso wie sehr viel differenziertere Systeme. Ich habe halt diese kennen- und schätzengelernt.)

Die Beraterin legte mir nun verschiedene Stoffe um. Das Einzige, worauf ich achten sollte, war mein Gesicht, das ich in einem kleinen Handspiegel beobachtete. Die Wirkung war frappierend! Mit manchen Farben sah ich aus, als wäre ich dem Siechtum nahe, die kleinen Äderchen in meinem Gesicht traten hervor, und ich wirkte richtiggehend blass und kränklich. Andere Farben ließen meine Lippen und Augenfarbe intensiver hervortreten und brachten meine Wangen wohlig zum Leuchten. Hätte ich den Unterschied nicht mit eigenen Augen so deutlich gesehen, hätte ich nie für möglich gehalten, was so ein paar Stofflappen der einen oder anderen Farbgruppe für eine enorme Wirkung haben könnten!

Aber das war erst der Anfang. Nun stand erst mal die Farbtemperatur fest: Ich bin „Herbsttyp" und mir stehen warme, eher intensive Farbtöne wie Dunkelrot, Orange, Olivgrün und Braun, aber auch warme, hellere Farben, wie Sand, Senfgelb oder Lachs. Manche davon hatte ich in meiner Jugend getragen, aber das war lange her.

Mein Kleiderschrank bestand zu diesem Zeitpunkt im Wesentlichen aus genau zwei Farben: Weiß und Schwarz. Weiße Hemden in allen möglichen Formen und Schnitten. Und schwarze T-Shirts, Hosen und Röcke (die Ausnahmen waren genau eine hellgraue und eine dunkelgrüne Weste mit Nadelstreifen und ein schwarzer Schal mit farbigem Rosenaufdruck, basta). Das war also eine komplett andere Richtung, die sich da auftat ... Huch?

Eine neue Wahrnehmung von mir selbst

Als Nächstes hielt sie mir verschiedenen Schmuck an, Silber- und Goldtöne, matt ebenso wie glänzend. Im Brustton der Überzeugung meinte ich, dass Silber natürlich besser an meiner Haut aussähe. Auch waren die einzigen Schmuckstücke, die ich (nach meiner etwas experimentierfreudigeren Teenager-Zeit) noch besaß – was natürlich? Schwarz und Silber!

Drei meiner Freundinnen saßen um mich herum und kommentierten, was sie sahen. Sie waren gar nicht meiner Auffassung, und hier kollidierte meine Wahrnehmung zum ersten Mal mit ihrer. Die erfahrene Dame des Hauses ließ das Thema erst einmal auf sich beruhen. Wir kamen als Nächstes zum Make-up, und ich beschrieb ihr, wie ich mich üblicherweise schminkte: mit einem starken, dunklen Lippenstift, meist in Rot- bis Lilafarben, und über den Augen einen schwarzen Lidstrich sowie jede Menge Wimperntusche. Ich fand, diese starken Kontraste würden mein Gesicht interessanter machen. „Aber das brauchst du doch gar nicht!", rief eines der Mädels. „Das wollte ich dir auch schon mal sagen", stimmte eine andere Freundin zu, „ich finde, das entspricht dir gar nicht."

Ich war verwirrt und wurde nachdenklich. Alles, was ich hier hörte und sah, brachte mein Konzept davon durcheinander, wie ich aussah, wie ich gut aussähe, was ich bräuchte, um mich schön zu fühlen. Prinzipiell vertraute ich aber meinen Freundinnen, auch wenn ich nicht in allen Dingen den gleichen Geschmack hatte. Im Gegenteil, wir waren vom Temperament her sehr verschieden, hatten alle einen unterschiedlichen Stil und eine andere Figur (und wie sich herausstellte, waren alle farblichen Jahreszeiten bei uns Mädels vertreten). Aber war es das? Lag es daran? Oder sahen sie etwas an mir, das ich selbst noch nicht gesehen hatte?

Wir sprachen über ein paar konkrete Beispiele, dieses Paar Ohrringe, jene Kleidungsstücke, um die vorteilhafteren Farben immer mehr einzukreisen. Aber bei allem, von dem ich am meisten überzeugt war, dass es meinen „Typ" und wie ich mich sah am besten zur Geltung brächte, waren die Mädels genau anderer Meinung. Sie brachten Adjektive wie „hart" und „aufgesetzt", wo ich etwas „ausdrucksvoll" oder „interessant" fand. Mich verwirrte und beunruhigte, wie das auseinanderklaffte. Was sollte ich nun glauben?

Für ein paar Minuten wollte ich das Ganze abbrechen, ging es mir plötzlich zu nahe. So hatte ich es mir nicht vorgestellt. Dann aber siegten meine Neugier und das Vertrauen, das ich in unsere Freundschaft gewonnen hatte. Sie hatten mich lieb und waren auf meiner Seite. Nach allem, was wir die letzten zwei Jahre miteinander erlebt und geteilt hatten, konnte ich ihnen schlichtweg nicht unterstellen, sie wären neidisch, „zickig" oder „gegen" mich. Ich entschied mich, noch einen Moment auszuhalten.

Ein Bild von sich selbst verkörpern

Die Kosmetikerin ließ sich nicht aus der Ruhe bringen. Ob ich mir schon einmal die Augenbrauen hätte zupfen lassen? Nein, nie. Dürfe sie mal? Na, warum nicht …

Sie machte erst ein Auge fertig und zeigte mir das Ergebnis. Da verschlug es mir endgültig die Sprache! Im Gegensatz zur Seite mit der unbehandelten, breiten, nun fast zottelig aussehenden Augenbraue sah das „gezupfte" Auge viel offener, sanfter und schön geschwungen aus. Es wirkte, als hätte mein nunmehr geöffneter Blick einen hübschen Bilderrahmen bekommen. Das war wirklich eine eindeutige Verbesserung.

Nun ließ ich die Mädels gewähren und die Fachfrau einfach nach ihrem Gutdünken machen. Sie schminkte mich dezent (und ganz anders, als ich es getan hätte), legte mir eine stimmige Farbe um und messingfarbenen Schmuck an. Am Ende sah ich im Spiegel eine Frau, die ich noch nie gesehen hatte. So richtig wusste ich nicht, was ich von ihr halten sollte. Sie gefiel mir, ohne Frage. Aber war das ich selbst? War ich das? Ich sah so anders aus.

Aber die anderen machten mir Komplimente: „weiblich", „weich", „exotisch", „geheimnisvoll", „schillernd".

Sie sprachen mir damit lauter Attribute zu, die ich mir für mich selber heimlich gewünscht hätte, ohne zu glauben, dass ich sie verkörpern würde. Merkwürdig …

So kam ich unverhofft zu einem Ergebnis, das ich eigentlich gerne erzielt hätte (so etwas gibt wahrscheinlich keine Frau gern offen zu), das ich aber mit meinen Mitteln nie habe erreichen können. Anschließend gingen wir etwas trinken, um das sorgfältige Make-up mit dem neuen Look noch etwas auszuführen, und ich saß wie benommen neben mir. Es war, als wäre ich mit einem neuen Menschen unterwegs. Vielleicht war es das erste Mal mit mir selbst?

Das Resultat

Mein gesamtes Umfeld reagierte auf die Veränderung. Interessanterweise machte niemand Kommentare, die sich direkt auf die Kleidung, die neuen Farben oder den gesamten sich allmählich wandelnden Stil betrafen. Dafür hörte ich häufig Sätze wie: „Gut siehst du aus!", „Warst du im Urlaub?", oder: „Na, wen willst du denn heute küssen?" (neuer Lippenstift, kicher).

Vielleicht habe ich es mir eingebildet, aber auf der Straße kam es mir vor, als würden die Leute mich viel mehr ansehen als vorher. Sowohl Männer als auch Frauen nahmen mich spürbar mehr wahr. Nicht unangenehm, nicht auffällig und schon gar nicht anzüglich. Aber so, als wäre ich jetzt irgendwie sichtbarer geworden.

Liebe macht sichtbar

Es begann eine Entdeckungsreise voller spannender großer und kleiner Erlebnisse. Entscheidend war, dass sich mein Erscheinungsbild im Gleichtakt mit meinem Denken wandelte. Die Veränderung verlief von innen nach außen, nicht umgekehrt. Die äußerlich sichtbaren Symptome wirkten nur lauter, erstaunlicher. Das Zentrum dieser Veränderung war meine wachsende Liebesbeziehung zu Jesus, zu einem lebendigen, sich mir mehr und mehr offenbarenden Gott, den ich in seiner Persönlichkeit immer besser kennenlernte. Deswegen ging es auf dieser Reise zu mir selbst nicht um Selbstverwirklichung, wie ich sie in Volkshochschulkursen, in Psychotherapie und esoterischen Büchern gesucht hatte. Was ich dort gefunden hatte, hat mich nie wirklich zufriedengestellt, wirklich erfüllt und mein ganzes Wesen so erfasst, wie es Jesus mit seiner Liebe getan hat.

Was ich in meinem Leben bis dahin gesucht hatte, war Liebe – körperlich, seelisch, geistlich. Ich war – mal mehr, mal weniger bewusst – auf der Suche nach einem Gegenüber, jemandem, der mich erkennt, wie ich wirklich bin. Ich hungerte nach Liebe und ebenso nach Wahrheit, nach einer tieferen Bedeutung der Dinge. Ohne dass ich es genauer hätte formulieren können, suchte ich nach etwas, das hinter der „Wirklichkeit" steckt, wie wir sie erleben.

Ich glaube, dass viele Menschen auf der Suche sind, ohne recht zu wissen, was sie suchen, bis sie es gefunden haben. Ich suchte Gott. Und als ich ihn schließlich fand, fand ich die Liebe, nach der ich mich gesehnt hatte.

So war es. Nicht die Farbberatung allein war es, nicht das neu entdeckte Gesicht, keine Schminke und nicht der Schmuck, den ich für mich fand. Es waren nicht allein die drei Kilos auf dem Weg zum Wunschgewicht, die ich irgendwann dank Weight Watchers loswurde. Auch die besonderen Aha-Momente, die ich beim Anprobieren neuartiger Kleidungsstile in einem besonderen Laden erlebte, waren es nicht allein. Stück für Stück kam die Frau hervor, die Gott gemacht hat, als er mich schuf. Es war die Liebe Gottes, die mich sichtbar werden ließ. Wie die Kraft der Sonne, die langsam, aber sicher eine feste Eisdecke zum Schmelzen bringt. So kommt zum Vorschein, was darunterliegt.

Mich selbst mit Gottes Augen sehen

Ich begegnete Gott auf verschiedene Arten: umgeben von meinen Freunden, im Umfeld meiner Gemeinde und vor allem anderen in der Stille zu Hause, mit meiner Bibel, meinem Notizbuch auf dem Schoß. Aber auch unterwegs, bei der Arbeit, auf Reisen, beim Einkaufen hatte ich solche Gott-Erlebnisse.

Einmal, zu einem späteren Zeitpunkt, war ich beruflich im Ausland und bekam am Wochenende Besuch von der Freundin, der ich sicherlich am meisten auf diesem Weg zu verdanken habe. Wir gingen zusammen bummeln, und da ich mit ihr auf eine Hochzeit eingeladen war, probierte ich in einem wunderschönen Geschäft ein festliches Outfit an. Im Laden war Hochbetrieb, und um die kleinen Umkleidekabinen drängte es sich dicht von Menschen, bunten Stoffen, leuchtenden Farben. Kurzerhand hatte ich mir Rock und Oberteil übergestreift und schnell einen passenden Schal umgelegt, um zu sehen, ob das überhaupt etwas für mich sein könnte. So stand ich da, mitten im Gewühle. Noch bevor ich mich so richtig im Spiegel gesehen hatte, hatte ich plötzlich innerlich den Eindruck, als sagte Gott ganz sanft und liebevoll, aber nachdrücklich zu mir: „So sehe ich dich." Ich schaute auf und sah mich im Spiegel: Dunkelhaarig, prächtig gekleidet, strahlend, voller Leben, einfach schön – wie eine Prinzessin in einem orientalischen Märchen. Mal wieder konnte ich diesen Anblick kaum fassen. Obwohl ich schnurstracks zurück in die Kabine huschte und der Moment so schnell vorüber war, wie er gekommen war, habe ich diesen Zuspruch Gottes nie vergessen: „So sehe ich dich."

*Du bist einmalig!
Eine große Hoffnung
ruft dich in ein
großartiges Leben.*

Katrine Trobisch Stewart

WIE SIEHST DU DICH SELBST?

Liebe Prinzessin!

Was hat dich in diesem Kapitel bisher am meisten angesprochen?

_____

An welche eigenen Erfahrungen erinnert es dich auf Anhieb?

_____

Wann hast du dich schon mal ausführlicher mit deinem
Äußeren beschäftigt?

_____

_____

Warum findest du es eher wichtig bzw. eher unwichtig?

_____

_____

In welcher Kleidung fühlst du dich am wohlsten?

_____

_____

Welche drei Adjektive fallen dir spontan ein, die deinen „Typ" Frau am besten beschreiben?

Was ist das schönste Kompliment, an das du dich erinnern kannst?

Kannst du dich erinnern, was es in dir ausgelöst hat?

Kannst du dir vorstellen, dass es Gott wichtig ist, ob du dich schön findest?

Wie bist du zu dieser Überzeugung gekommen?

Welchen Teil deines Gesichts magst du am liebsten an dir selbst?

Wie bringst du diesen Teil am besten zur Geltung?

Hast du damit schon mal experimentiert?

Welchen Teil deines Körpers magst du am liebsten?

Wie bringst du ihn am besten zur Geltung?

Woher weißt du, was dir gut steht?

Beschreibe dein liebstes Schmuckstück!

Würdest du sagen, dass es mit deiner Persönlichkeit übereinstimmt? Wenn ja, was sagt es im Moment über dich aus?

Würdest du gerne abnehmen?

Wenn ja, was wäre dann anders?

Wann warst du zum letzten Mal richtig zufrieden mit deinem Aussehen?

Hatte es einen Einfluss darauf, wie du dich verhalten hast, zum Beispiel Menschen gegenüber?

Was hindert dich daran, dich in deiner Haut immer wohlzufühlen?

*Kannst du dir vorstellen, wie Gott dir dabei helfen kann,
dass du dich wohlfühlst?*

Wie könnte das im Augenblick konkret aussehen?

ALS FRAU ENDLICH „GENUG" SEIN

Die Anprobe

Liebe Königstochter, hast du schon mal ein Brautkleid
anprobiert? Hast du als kleines Mädchen schon „Hochzeit" gespielt? Oder als erwachsene, unverheiratete Frau
mit einer Freundin herumfantasiert, wie dein Kleid aussehen könnte, was für eine Hochzeitsfeier du dir vorstellst?
Und nicht nur einmal und nicht nur als kleines Mädchen,
sondern all die Jahre wieder? Zum Glück stehst du damit
nicht alleine da. Mit den meisten meiner weiblichen Be-
kannten kamen wir irgendwann einmal auf das Thema:
„Wie würdest du deine Hochzeit feiern?" Ohne Anwär-
ter weit und breit.

Du bist nicht die Einzige (beruhigend). Das Thema
heiraten, Hochzeit, Ehe hat verschiedene Facetten im Leben einer Frau. Ich möchte aus den vielen verschiedenen

jetzt nur eine, nämlich das Brautsein herausgreifen. Dazu darf ich natürlich gleich wieder betonen, dass ich unverheiratet bin, also nicht weiß, wovon ich rede ... eigentlich. Mir erscheint aber das Brautsein als etwas, das ich nicht erst erlebt haben muss, um darüber nachzudenken. Können wir uns darauf einigen?

Denn es gibt eine Verwandtschaft zwischen dem Braut- und dem Prinzessinnen-Motiv. In den Assoziationen liegen beide nahe beieinander: duftige Stoffe, schöner Schmuck, gepflegte Erscheinung, Gerüche, Blüten, ein besonderes Dekor vielleicht ...

Ein Mädchen, das sich als Braut verkleidet, würde ähnliche Accessoires verwenden wie ein Mädchen, das Prinzessin spielt. Statt der Krone ein Schleier, statt rosa eben weiß. Aber sonst? Eine Braut, die Kleider anprobiert, fühlt sich vor dem Spiegel vielleicht zum ersten Mal in ihrem Leben wie eine richtige Prinzessin. Wann tragen wir noch solche Kleider? Welche Anlässe ermutigen uns heutzutage noch, *so* aus unserem alltäglichen Ich-Gewand herauszutreten? Märchenhaft und verschwenderisch zu sein. Aus der Kabine des Gewohnten herauszutreten und sich selbst in einem völlig neuen Licht, ja mit ganz anderen Augen zu sehen. Wann geschieht das heute noch?

Ich kann bei dieser Gelegenheit nur dazu ermutigen, wenn es sich ergibt, eine Freundin auf der Suche nach ihrem Brautkleid zu begleiten. Habe ich gemacht, war super. Oder mal mit oder ohne Anlass eine Ballrobe zu suchen und anzuprobieren! Mir bot sich kürzlich die Chance, mit einer Freundin für einen „Sommerball" (auf der Zunge zergehen lassen, Mädels) ein entsprechendes

Kleid zu suchen. „Wow" ist das einzig passende Wort für den Effekt, den der Anblick eines passenden (!) prachtvollen Kleides auf mich hatte. Es *geht* sich ganz anders in diesen Kleidern! Der Ausdruck „schreiten" kehrt in den Wortschatz zurück … Vor dem Spiegel auf und ab. Mit Schmuck und Täschchen und passenden Schuhen. Und erst der Spaß, den die Verkäuferinnen mit uns hatten! Neidlose Verbündete waren wir. Kichernd und einander bewundernd, in einem geheimen Reich hinter Vorhängen und halb geöffneten Umkleidekabinen.

Wunscherfüllung

Die Faszination des Brautseins hängt mit Wunscherfüllung zusammen. Mir kommt es jedenfalls so vor. Es ist die Kleine, die ihrer Mutter beim Schminken und Zurechtmachen für eine Abendeinladung zusieht und sich wünscht: „Einmal, wenn ich groß bin, möchte ich auch so sein." Mutters Geschmack wird nicht hinterfragt, das Make-up, der Schmuck, die Schuhe und die kleine Ausgehhandtasche machen Mama nur noch schöner, leuchtender, besonderer, als sie in den Kinderaugen ohnehin schon ist. Und dass sie auch noch so spät ausgehen darf, wo unsereiner bettfertig und kurz vor dem Schlafengehen ist, erhöht den Reiz der gesamten Aktion, nicht nur ihrer Garderobe, ins schier Unermessliche. Spannende, unerreichbare Welt, welch glorreiches Universum schöner Menschen & Dinge jenseits der Sandmännchengrenze!

Und selbst wenn es nicht die eigene Mutter war, die

jene begehrliche, strahlende, schöne Seite des Frauseins vorgelebt hat, so gab es doch nachahmenswerte Heldinnen in den Gutenacht-Geschichten, gab es Prinzessinnen und Bräute in den Märchen, Vorabendserien und Frauenzeitschriften unseres jungen Mädchenlebens. So wie die werd ich auch mal sein … wäre ich auch gern mal … würde ich am liebsten sein. Wenn? Ja, das ist hier die Frage: Wenn *was* eingetreten ist?

Konzentrieren wir uns noch mal auf diesen Augenblick: Brautkleid oder Ballkleid anprobiert, es passt, Schwingtür der Umkleidekabine auf: Voilà! Man – nein, frau verwandelt sich in ihr eigenes Vorbild. Oder sollte ich sagen, in ihr eigenes Bild? Ich – im Ballkleid, in königlicher (Abend-) Robe, im festlichen Gewand als Braut. Als wäre es eine Verkörperung dessen, was ich mir vielleicht immer gewünscht habe, was ich bei anderen gesehen und bewundert habe. Und nun ist es mit einem Mal soweit: Ich – als Frau. Ist es das? Als „Erwachsene" oder als „richtige" Frau vielleicht. Als „ideale" Frau oder schlicht „schöne Frau", als Entlein, das sich zum Schwan entwickelt hat.

Kleider machen Bräute

Wenn wir in solchen Kleidern vor uns selbst stehen, geht eine Verwandlung vor sich, tiefer, als äußerlich sichtbar wird. Ich glaube, dass wir uns in solchen Kleidern mit anderen Augen sehen, uns selbst neu wahrnehmen und ein weiteres, anderes, wahres Bild unserer selbst mit ins innere Repertoire davon aufnehmen, wer „ich" so alles sein kann. Ich bekomme eine neue Vorstellung davon, wer ich bin oder zumindest sein kann, könnte …

Nicht umsonst haben so viele Märchen und Hollywood-Mädchen-Filme solche Verwandlungen als Schlüsselszenen: Momente, in denen die Heldin, die vorher keine/r so richtig für voll genommen hat, plötzlich in neuem Outfit & Make-up um die Ecke biegt und wodurch – *bingo* – irgendetwas Einschneidendes passiert. Sie ist plötzlich selbstbewusst und beliebt, und der Held, den sie vorher unbemerkt und unerwidert von Weitem angeschmachtet hat – er *sieht* sie und kann sich vor lauter Liebe kaum retten. Natürlich hat sie zum Äußeren auch noch einen wunderbaren Charakter, den er endlich erkennt. Endlich sieht er alles, was ihm bisher verborgen war, sieht er sie, wie sie wirklich ist. Und heiratet sie. Happy End: Der Prinz nimmt seine Prinzessin zur Frau. Die Traumfrau wird seine Braut. Und wenn sie nicht gestorben sind, so leben sie noch heute …

Welche Botschaft sendet uns dieses Szenario? Was hat es mit mir zu tun? Welchen Wunsch erfüllt es mir? Warum möchte ich so sein? Das Ballkleid oder Brautkleid sagt mir: Es ist toll, eine Frau zu sein! Schön zu sein. Eine schöne Frau zu sein: gesehen, begehrt, auserwählt, umworben, erobert, teuer.

Böse Falle

So schön dieses Traumbild ist (mir persönlich macht es im Kino immer wieder Spaß), so gefährlich ist es auch. Es gibt einen klitzekleinen Widerhaken, der darin versteckt ist. Ich illustriere mal vereinfacht, was ich meine. Es entsteht ein kleiner Teufelskreis: Kleines Mädchen sieht große Frau, die sich zurechtgemacht hat, und findet sie toll. Und beschließt im Herzen: So will ich auch mal sein. Oder wünscht sich zumindest: So wäre ich auch gern mal. Warum? Große Frau verkörpert etwas, was das kleine Mädchen (noch) nicht ist. Was per se auch nicht schlimm ist, denn schließlich ist sie ein Kind und kann sich mühelos *vorstellen*, eine Prinzessin zu sein. Oder eine Braut. Schön, reich, berühmt und begehrt zu sein. Und kann es mit ihren Puppen spielen. Wie oft habe ich mit meinen Barbies „Hochzeit" gespielt und immer beim Küssen die beiden Hauptakteure kreuzweise übereinanderhalten müssen, weil sich die klitzekleinen Münder von „Ken" und „Barbie" anders nicht berühren konnten (hielt man die Plastikpuppen geradeaus voreinander, kamen die Lippen wegen Barbies Atombusen nicht zusammen ...).

Diese stellvertretende Wunscherfüllung ist beim Kind kein Problem. Beim heranwachsenden Teenager-Mädchen wird sie langsam zum Drama. Weil sie hier allmählich dazu führt, das eigene Aussehen und sich selbst abzuwerten. Auch für hartgesottene 14-Jährige gibt es nämlich die scheinbare Wunscherfüllung auf Knopfdruck: per Fernbedienung. Aber mir scheint, für Heranwachsende ist das immer weniger ein Traum, den sie träumen, sondern es wird mehr und mehr zu einer Forderung, real in der Jetztzeit einem ganz bestimmten Schönheitsideal zu entsprechen. Um das große Finale der kindlichen Prinzessinnen-Braut-Fantasie in echt zu erleben – die Hochzeit mit dem Traumprinzen nämlich –, wird das Raster immer enger. Und der

Abstand zwischen mir, wie ich mich sehe, und „den anderen", die „richtig" sind, immer größer. In der Regel hält sich ein Teenager eher für minderwertig als für eine heranwachsende Prinzessin. Und eine negative Selbstbilanz ziehen selbst Mädchen, die in der Klasse beliebt sind, sogar die Hübschen, Schlanken, „Idealen", die von der halben Schule bewundert werden. Fragen wir doch mal die Stars, die, von denen wir meinen, sie hätten, was uns fehlt. Selbst die, die wir anderen für schön und „richtig" halten, meinen selbst von sich, sie müssten anders sein, als sie sind. Irgendwie anders. Als wäre keine von uns „richtig".

Einem Ideal entsprechen

„Ich habe mich nie darüber gefreut, wie ich war … Ich war sehr groß und ich war nie das Mädchen, das all die Jungs toll fanden. Ich wurde bei Spielen abgewählt, weil ich zu groß war." Dieses Zitat stammt von Nicole Kidman, Hollywood-Schauspielerin, Oscar-Gewinnerin, Model aus dem bislang teuersten Werbespot der Welt (für Chanel), Frau des Country-Megastars Keith Urban, ehemals verheiratet mit Hollywood-Legende Tom Cruise!

Es ist kaum zu glauben, aber wahr: Nicole Kidman hielt sich für hässlich, weil sie mit rötlichen Locken und schlaksig hoch gewachsen nicht dem blonden Schönheitsideal der 1980er-Jahre entsprach. Nun bin ich kein besonderer Fan der australischen Schauspielerin, aber wenn eines außer Frage steht, dann ihre Attraktivität und ihr Erfolg als Schönheitsikone. Sie bietet ein prominentes

Beispiel für etwas, das ich bei *vielen, ja fast allen* Frauen in meinem Umfeld beobachtet habe, unabhängig von ihrem Alter und ihrem Glauben, ihrem Bildungsstand und Lebensmodell.

„Nicht genug"

Ich nenne es mal das „Nicht genug"-Credo, denn egal, wie angesehen die jeweilige Frau bei ihren Altersgenossinnen, bei Konkurrentinnen wie Mitstreiterinnen ist – in ihren eigenen Augen und mit ihrem eigenen Glaubenssatz gemessen ist sie so, wie sie jeweils ist, *nicht genug*. Und ich beziehe mich damit wie gesagt nicht auf eine verschwindende Minderheit von ein paar wenigen verkorksten, perfektionistisch veranlagten Vertreterinnen unseres Geschlechts. Meine Lieben, ich rede von dir und mir, von fast allen. Es ist unglaublich, aber wahr: *Die absolute Mehrheit der Frauen hält sich selbst für unzureichend.* Entweder nicht schön genug (finden sich 82 % aller Befragten im Jahr 2006 bei einer Umfrage der Kosmetikmarke „Dove"). Oder nicht schlau oder begabt oder witzig genug. Nicht praktisch begabt, nicht kommunikativ genug, nicht intelligent, handwerklich geschickt, nicht schlank genug. Nicht genug.

Willst du jemand anderes sein?

Viele haben bereits über Schlankheitswahn und das unrealistische Schönheitsideal, das uns in den Medien vorgeführt wird, nachgedacht. Die wenigsten Frauen würden sich wahrscheinlich direkt mit den Models in der Zeitschriftenwerbung vergleichen oder bewusst genau so aussehen wollen wie die prominenten First Ladys, Schauspielerinnen und Stars, die wir tagtäglich irgendwo sehen. Blöd sind wir ja nicht. Und mit Caroline von Monaco, Julia Roberts oder Paris Hilton tauschen? Schon gar nicht.

Nein. Aber ich muss abnehmen!

Wenn ich Frauen in meiner Welt danach befragen würde, warum sie nicht 100%-ig mit sich zufrieden sind, würden die meisten zugeben, dass sie gerade versuchen abzunehmen. Danach befragt, warum sie glauben, es sei besser, schlanker zu sein, würden die meisten sicherlich antworten: „Weil ich mich dann wohler fühle." Attraktiver, freier, wohler in der eigenen Haut, fit, beweglicher, manche sogar „fraulicher". Und so wird ganz oft die Frage nach dem Aussehen in unmittelbare Verbindung mit dem eigenen Wohlbefinden – und schlimmer noch: mit dem Selbstwertgefühl gebracht. Wie ich mich als Frau fühle, hängt davon ab, wie ich aussehe. Wie ich aussehe, beeinflusst, wie ich über mich denke. Wie ich über mich denke, bedingt, was ich sage, glaube, wie ich handle. Und für wie wertvoll, geliebt und fähig ich mich selber halte. Das Selbstbewusstsein schwankt also. Gramm- und kiloweise.

Keine Sätze, die über dem Spiegel hängen, aber beliebte Untertitel beim Blick hinein lauten:

„Je schlanker ich bin, desto besser sehe ich aus."
„Je besser ich aussehe, desto besser fühle ich mich."
„Je besser ich mich fühle, desto glücklicher bin ich."
Ich fürchte, dass den „Nicht genug"-Glaubenssatz fast jede Frau unterschreiben kann. Egal, wie schlank sie ist. Egal, wie hübsch, klug, erfolgreich, sportlich, geistlich, beliebt oder organisiert sie ist. Am Aussehen entzündet sich der Funke für ein positives Lebensgefühl, für den mit sich selbst zufriedenen Blick. Nicht immer ist alles schlecht. Nein, so auch wieder nicht. „Nicht schlecht!" ist ein guter Satz. Aber in der Regel sagt der Blick auf mich selbst: Nicht genug.

Die Sehnsucht nach dem Brautkleid

Und nun kommen wir wieder zu dem kleinen Mädchen zurück, das der Mutter beim Schönmachen zugesehen hat. Das viele verschiedene Vorbilder in Sachen „Frau"-Sein hatte und sich wahrscheinlich die gemerkt hat, die erfolgreich waren, die, die auch belohnt wurden. Mit einem „Ken" nämlich, mit dem Prinzen, mit John Travolta, Freddie Prince Jr., Sean Connery, Robbie Williams oder Daniel Brühl. Kurz: mit dem Helden unseres persönlichen Märchens.

Es gibt wahrscheinlich in jedem Menschen das Bedürfnis, gesehen, geliebt und gewollt zu sein. Jemand Besonderes im Leben eines anderen zu sein. Und diesem Bedürfnis entspricht das Brautsein. All das ist eine Braut für einen anderen: Einzigartig. Auserwählt. Teuer.

Die Hochzeit ist Ausdruck dafür und, wenn wir es mal aus weiblicher Sicht betrachten, es wird symbolhaft im Brautkleid zusammengefasst. Kein anderes Kleidungsstück drückt so wie dieses aus, dass wir – an diesem Tag, für diesen Mann, in diesem Moment – einzigartig und hervorgehoben, bewusst und vor aller Welt erwählt worden sind. Der Wunsch ist da und nicht nur bei ein, zwei, drei verstrahlten Exemplaren unserer Gattung. Er muss mit unserem Menschsein selbst zu tun haben, ein tiefer, tiefer Bestandteil unseres Wesens als Menschen sein. Ob Mann oder Frau. Das Problem, das ich in unserer Konstellation für mich & dich *als Frau* sehe, ist, dass wir Mädels sehr wahrscheinlich

1. mit dem Glaubenssatz herangewachsen sind: Ich bin so, wie ich bin, irgendwie „nicht genug",

2. zur Erfüllung unserer Wunschvorstellung „schön" sein müssen – also *schlank*,

3. in der Kombination von 1. und 2. eine ausreichende Schönheit per se „irgendwie" nie erreichen,

4. für unser Leben ein Happy End, also *einen Mann* brauchen, der uns aus Unerfülltheit erlöst,

5. solange wir keinen Mann haben, uns erst recht nicht „genug" und „schön genug" finden,

6. solange wir nicht mit uns zufrieden sind, uns wahrscheinlich schwer damit tun, eine gesunde Beziehung zu einem Mann aufzubauen.

Hilfe!

Mein armes kleines Mädchen hat es als Frau sehr schwer. Sie braucht einen Erlöser! Einen, der sie auserwählt und liebt, sieht und für wunderschön befindet, so schön, so wertvoll, so liebenswert, dass er alles dafür geben würde, sie für sich zu gewinnen und sein Leben mit ihr zu verbringen. Und wenn nun kein Prinz kommt? Denn: Was wäre das Aschenputtel ohne den Prinzen? Was wäre Cinderella ohne das Happy End? Eine arme Küchenhilfe, eine um ihr Erbe betrogene Adelstochter, eine unentdeckte Schöne, eine ungekrönte Prinzessin, eine tragische Gestalt.

Schwestern, sehen wir der Wahrheit ins Auge: So leben viele, viele Frauen. So leben wir manchmal. Unerlöst, unentdeckt und betrogen, und, solange wir zu allem Unglück auch obendrein noch ohne Mann, ohne Prinz und solo sind: ungekrönt. Weil wir darauf warten, erlöst zu werden, dass ein Mann kommt und uns – am liebsten auf sein weißes Ross, sein makelloses, geklärt- und aufgeräumtes Leben – aufhebt und uns Wert und Bedeutung verleiht: das Gefühl, geliebt, gewollt und auserkoren zu sein. Endlich „erkannt" zu werden, ein Gefühl, das sich viele Mädchen auch noch als Erwachsene wünschen. Und so warten wir auf die große Liebe, auf den verheißungsvollen Retter. Und wir halten mit hungrigen Augen Ausschau, hoffen und werfen unsere inneren Wunschvorstellungen prüfend auf den nächsten armen Tropf, der uns über den Weg läuft, wie eine Tischdecke, einen Bettüberwurf, ob sie denn auf ihn passen, unsere Wünsche und Hoffnungen. Armer Kerl. Arme unentdeckte Prinzessin.

Erkenne, wessen Braut du bist!

Liebe Prinzessin, im Lichte dieser Überlegungen und Einblicke in mein Herz, vielleicht ja in die Herzen vieler anderer Frauen und erwachsener kleiner Mädchen – ist es nicht romantisch und liebevoll, dass die Bibel uns als Braut Jesu bezeichnet? (Siehe dazu Epheserbrief, Kapitel 5, Verse 27 und 32 sowie Offenbarung des Johannes, Kapitel 21, Verse 2 und 9.) Das berührt mich in meinem Mädchenherzen. Denn es zeigt mir, dass bei allem, was krumm ist, etwas von Gott selbst in der ganzen, verzwickten „Brautsache" steckt. Bei aller Fehlpolung auf die Erfüllung meines Lebensglücks durch einen anderen Menschen sind die Lebensformen Ehe und Familie doch nicht verkehrt. Meine Sehnsucht mag hie und da fehlgeleitet sein, aber sie ist nicht an sich verkehrt oder veraltet. Schon in der Schöpfungsgeschichte stellt Gott fest: „Es ist nicht gut, dass der Mensch allein lebt. Er soll eine Gefährtin bekommen, die zu ihm passt" (1. Mose 2,18). Außerdem findet die weibliche Sehnsucht nach dem Brautsein ihr Spiegelbild in dem Bild von Jesus als dem Bräutigam, der sich ebenso nach seiner Braut sehnt wie sie sich nach ihm. Und in dieser Liebe liegt bereits alle Erfüllung. Diese Liebesbeziehung, im Alltag gelebt und gepflegt, ist kein Trostpreis. Diese Liebe ist ein Hauptgewinn!

Erfüllung

„Mein Geliebter ist mein und ich bin sein", heißt es im Hohelied (Kapitel 2 Vers 16). Sinnlich, spielerisch, hingebungsvoll, einfach verliebt. So viel prickelnde Romantik kennt man nicht unbedingt aus den Sonntagspredigten. Aber wer sich aufgemacht hat, Jesus in der persönlichen Stille zu begegnen, hat ihn vielleicht auch schon auf so persönliche, romantische und liebevolle Weise erlebt. Es ist eine Frage, wie viel wir uns vorstellen können, was wir Gott zu tun gestatten, wie viel Freiraum wir ihm in unseren Stoßgebeten, Andachten, Nachmittagsgebeten oder abendlichen Gutenachtgesprächen geben. Meine persönliche Erfahrung ist, dass Gott seine Liebe zu mir in lebendiger, immer wieder unterschiedlicher Art und Weise zum Ausdruck bringt. Und dass er sich freut, wenn ich mir etwas einfallen lasse, um ihm meine Liebe zu zeigen.

Wie ein Apfelbaum unter den Bäumen des Waldes,
so ist mein Liebster unter allen anderen Männern!
In seinem Schatten möchte ich ausruhen
und seine Früchte genießen.
Ins Weinhaus hat er mich geführt,
dort zeigt er mir, dass er mich liebt. (Hohelied 2,3-4)

Unabhängige Identität

Unabhängig von Form und Kultur des persönlichen Gebets ist doch die Gemeinsamkeit der Gläubigen, dass sie

Braut Christi sind, als Teil der Gemeinde, die Gott auf der ganzen Welt zusammenruft. Mit der „Braut" sind alle eingeschlossen, die an Jesus glauben, ihm nachfolgen und ihn anbeten, Männer wie Frauen, sei es auf evangelisch oder katholisch, in Gemeinschaft oder allein, laut oder leise, mit modernen Popsongs oder traditionellen Chorälen. Gott selbst bereitet sich seine Braut. Er stellt das Kleid, den Schmuck, die Ringe zur Verfügung. Und so ist ein wesentlicher Teil meiner Identität in Christus die Besonderheit als seine Braut.

Das bedeutet für mich persönlich eine ganze Menge. Er selbst stellt mir alle Dinge zur Verfügung, die ich brauche. Er gibt mir als Solo-Frau das Gefühl, bereits Braut zu sein. Und so bin ich auch ohne Mann vollständig, gewollt, auserwählt und kostbar, ja schön! In der Beziehung zu Jesus ist so viel Liebe und Leidenschaft möglich, steckt so viel Freude und Sicherheit, dass ich in ihr bereits alles Wesentliche zu meiner persönlichen Erfüllung bekomme.

Kein Partnerersatz – sondern endlich genug!

Damit ist Jesus kein „Partnerersatz" für verschmähte Junggesellen und Solofrauen. Was ich beschreibe, gilt ebenso für Männer und Frauen, die in einer Ehe leben. Auch mit der „vollen Gott-Packung" auf meinem Herzenskonto bleibt der Wunsch danach, einen Mann kennen- und liebenzulernen. Mit dem Unterschied, dass ich nun nicht mehr mit derselben unrealistischen, existenziellen Bedürftigkeit auf meinen „Erlöser-Mann" hoffe.

Auf den speziellen menschlichen Mann, mit dem sich allmählich eine Liebesbeziehung entwickelt, die gut und tragfähig ist, lässt sich nun entspannt warten. Soweit man bei einem abwechslungs- und beziehungsreichen Leben von „warten" sprechen kann. In der lebendigen, alltagsrelevanten Beziehung zu Jesus hat sich das „Nicht genug"-Credo langsam, aber sicher vom Acker gemacht. (War eh kein beliebter Gast mehr, aber so schnell, wie man möchte, wird man ungeliebte Gäste nicht immer los …)

Entscheidend verändert hat sich mein Alltag tatsächlich durch das wachsende Bewusstsein, dass ich bereits vieles zu geben habe! So fanden sich immer mehr Menschen bei mir ein, die ich stärken, trösten, füttern oder päppeln konnte. Was den Spaß- und den Liebesfaktor meines Lebens problemlos verdoppelt hat. Wie viel Freude wird einem geschenkt, wenn man für andere da ist … Und wie viel ist einfach schon da, wenn ich nicht ängstlich bin, einem unsichtbaren Ideal „irgendwie" genügen zu müssen.

Wie anders lebt es sich im Glauben, dass es schon irgendwie hinhaut. Wie viel habe ich zur Verfügung, wenn ich bewusst Gottes Gnade in Anspruch nehme und selbst nicht mehr genügen muss! Wie schön bin ich, wenn ich bewusst seine Augen suche und nicht mehr in den Augen anderer nach Anerkennung und Bestätigung suche. Kannst du dir das vorstellen, Prinzessin?

Und stell dir vor: Ich habe sogar abgenommen. Nicht, dass ich es unbedingt musste. Aber es hat eine Verschiebung stattgefunden: Wo ich mir vorher „Erfüllung" durch Nahrung „gegönnt" habe (vornehmlich in Form von Naschsachen, tellerweise Spaghetti und Rotwein), hat sich eine andere, tiefere Befriedigung eingestellt. Ich habe festgestellt, dass immer „genug" da war, wenn ich mich bewusst entschieden habe, das, was ich habe, für andere einzusetzen. Ob es kochenderweise war oder um meine Zeit ging. Ob ich Geduld geschenkt habe oder ein Buch jemandem, dem es gefiel. Geben ist tatsächlich seliger denn nehmen! Und das Bewusstsein, dass das, was ich zu geben habe, wertvoll ist, hat mir Mut gemacht, immer mehr zu geben. Ohne dass ich daran große Erwartungen knüpfe. Wie befreiend auch das: Die Wirkung, die ich auf andere habe, nicht zum eigenen Vorteil steuern zu wollen, nicht länger kontrollieren zu müssen.

Himmlisch

Alles in allem hat die Feststellung, dass ich bereits eine glückliche Braut bin, mein Leben enorm bereichert. Und entspannt. Ich bin erwählt und besonders. Mein Geliebter ist mein und ich bin sein. Und darüber hinaus Teil eines großen, übergeordneten Ganzen: nämlich der gesamten Gemeinde Jesu als seiner Braut. Es geht nicht nur um mich. Ich bin Teil eines geliebten, kostbaren Ganzen. Und ich habe etwas dazu beizusteuern, und zwar meinen unverwechselbaren Teil. Nicht mehr. Es geht ohne Anstrengung, ohne Zwang und Druck, endlich. Ohne Abnehmen, Verleugnen, Wegdrücken.

Aber eben auch nicht weniger: Was ich zu geben habe, ist gut, ist wichtig und passt genau auf mich und zu mir.

Mein Kleid ist gewissermaßen auf mich und meine Maße, meine ganze Persönlichkeit zugeschnitten. Ein himmlisches Brautkleid, das mir ausgezeichnet steht!

Vom Sonderangebot zum Hauptgewinn – mein Wert als (Solo-)Frau

Schöne Frau

Kannst du mit mir mitgehen, wenn ich sage, dass die Entdeckung der eigenen Schönheit einen wichtigen Teil der weiblichen Identität ausmacht? Worüber würdest du dich mehr freuen, Prinzessin: Wenn ein Mann, der dir etwas bedeutet, dich als wunderschön bezeichnet oder als klug, freundlich, loyal? Wärst du in seinen Augen lieber rasend intelligent oder rasend attraktiv? (Unbescheidenerweise wäre ich am liebsten beides.)

Mein Wert als Person hängt allerdings zum Glück nicht davon ab, wie ich auf andere – und insbesondere Männer – wirke. Das muss hier einmal ausdrücklich betont werden! Schließlich habe ich mich lang genug damit herumgeschlagen, dass dem nicht so ist. Es besteht einfach die Gefahr, beim Thema Schönheit auf einer der beiden Seiten vom Pferd zu fallen, wie es so schön heißt. Die Fixierung auf Figur, Haare, Make-up und Klamotten ist für sich genommen tödlich. Unsere Talkshows, Promi-Zeitschriften und Frauenmagazine sind voll von schönen, schlanken Frauen. Ebenso voll wie unsere Schulen, Büros,

Gemeinden und Krankenhäuser voll von Mädchen und Frauen allen Alters sind, die unter Essstörungen leiden.

Mein Wert ist nicht in dem begründet, was ich wiege! Ein unglückliches Rennen zum „Spieglein, Spieglein an der Wand" ist ebenso Gift für ein gesundes Selbstbewusstsein wie das weiträumige Vermeiden jedes Spiegels (und glaub mir, Prinzessin, auch das gibt es häufiger, als du denkst). Aber ist es nicht erstrebenswert, nicht nur für sich selbst, sondern auch in den Augen eines besonderen Mannes schön zu sein? Das ist ein ganz tiefer Wunsch in meinem romantischen Mädchenherzen. Ist das falsch?

Schöne Frauen Gottes

Interessanterweise habe ich in letzter Zeit immer häufiger beobachtet, dass verheiratete Pastoren, die sich lobend über ihre Frau äußern, sie nicht zuerst als „klug" bezeichnen, sondern als „schön"! „Meine schöne Frau" – klingt das nicht schön? (Höre ich nicht nur von Jungvermählten, das kann ich dir versichern.) Ihr liebster Schatz ist „bildhübsch".

Wie sehr ich mir auch wünsche, um meiner inneren Werte willen geliebt zu werden, so kann ich doch nur den Stimmen recht geben, die Schönheit als die weibliche Tugend Nummer 1 bezeichnen. Altmodisch? Vielleicht.

Allerdings komme ich mehr und mehr zu der Überzeugung, dass Attraktivität nicht das Ergebnis rein äußerlicher Komponenten ist. Attraktivität ist die Ausstrahlung eines inneren Zustandes, der mit den Mitteln, die uns äußerlich zur Verfügung stehen, bestmöglich ausgedrückt wird. „Das Beste aus sich machen", heißt es doch im Volksmund. Und das kann bei jedem Menschen anders aussehen. Das Anziehende dabei ist das Innere. „Wahre Schönheit kommt von innen", so ein weiteres Sprichwort. Ist innere Schönheit vielleicht ein Geschenk, das Gott uns macht? Dementsprechend könnten doch gerade Menschen, die einen engen Draht zu ihrem Schöpfer haben, schön und attraktiv sein. Sie wären geradezu prädestiniert dafür, Gottes Liebe zu empfangen und widerzuspiegeln. Geliebt zu sein, macht schön, haben wir ja schon gesagt. Insofern ist es ein hochgradig aktuelles Thema für jede Art von christlicher Arbeit mit Frauen oder mehr noch: des Lebens als Christinnen. Auch wenn es auf Anhieb gar nicht wie ein „geistliches" Thema daherkommt. Ich denke, dies ist für viele ein neuer Gedanke, der in unserer christlichen Gemeindetradition nicht sehr häufig angesprochen wird. Aus der Kirchengeschichte, so mutmaße ich einmal, haben wir eher eine gewisse Skepsis gegenüber solch „weltlichen" und „oberflächlichen" Anwandlungen. Vielleicht ist es Zeit für einen balancierten Neuaufbruch in dieser Richtung.

Unser Wert als Frau

Ist das nicht alles sehr idealistisch? Ist die Hoffnung auf solch eine Liebe nicht trügerisch? Und passt das mit der inneren Schönheit überhaupt auf die real existierenden Ehen? Was ist mit einer Ehe, die gut funktioniert, wo aber der erste Schmelz ab ist? Wo, bitte, soll die Begeisterung jetzt wieder herkommen? Den Alltag einfach überlackieren?

Und was ist mit denen, die eine solche Liebe gern hätten, aber nicht finden? Schließlich sind auch viele Christinnen (gerade mittleren Alters und älter) Singles. Sei es, weil eine Ehe in die Brüche gegangen ist, sei es, weil der Partner verstorben ist oder weil jemand schlicht nie geheiratet hat. Ist so ein Anspruch nicht vermessen? Wer sagt denn, dass ausgerechnet ich ein Hauptgewinn bin? Meinen vollen Wert als Frau zu entdecken, war eine Entdeckungsreise, Prinzessin. Gerade im Verhältnis zu Männern in punkto Attraktivität, Schönheit und Selbstwert habe ich ein paar Stationen durchlaufen, die ich für dich skizzieren möchte: Vom Sonderangebot zum Hauptgewinn!

Unsicherheit und Angst

Als Mädchen, besonders als Teenager im Alter von 13, 14 Jahren begannen Jungs eine große Rolle in meinem Denken zu spielen. Mit meinen Freundinnen redete ich nonstop über diesen oder jenen Jungen, machten wir uns gemeinsam für die Partys am Wochenende zurecht, verliehen untereinander Kleider und Lippenstifte und waren insgesamt ungeheuer beschäftigt mit unserem Aussehen und damit, beim anderen Geschlecht gut anzukommen. Das veränderte sich schlagartig, als ich mit 16 meiner „ersten großen Liebe" begegnete. Für ein paar Jahre hatte ich „meinen Platz" gefunden, auch wenn durch diese

Beziehung nicht alle Probleme und Fragen im Blick auf meine weibliche Identität auf einen Schlag gelöst waren.

Umso größer war die Leere, als wir endgültig getrennt waren. Ich weiß noch, wie ein Freund ein paar Jahre später zu mir sagte, ich solle aufhören, durch die Welt zu laufen, als hätte ich „Sonderangebot" auf der Stirn geschrieben. In meinen frühen Zwanzigern war ich auf der Suche nach Liebe und Annahme und warf mein Herz jedem zu, der sich nur halbwegs interessiert zeigte: „Du magst mich? Hier! Ich würde dich gern lieben!" Dahinter steckte die ungläubige Furcht, mit der sich vielleicht auch andere Frauen identifizieren können: „Bin ich liebenswert? Kann man mich lieben? So, wie ich bin?"

Obwohl ich relativ selbstbewusst wirkte, nagten doch Selbstzweifel und ein Gefühl des Ungenügens, eine tiefe Ablehnung meiner selbst an mir. Ich hatte nie das Gefühl, „richtig" zu sein, immer den Verdacht, dass jemand, der mir nahekam, mich schlicht und einfach nicht mehr lieben *könne*. Nicht, wenn er erst einmal herausgefunden hat, wie ich „wirklich" bin. Als wäre etwas grundverkehrt an mir, das nur durch Akzeptanz und Anerkennung von außen ausgeglichen werden konnte. Wenn ein Mann sich doch nur in mich verlieben und mich lieben könnte, würde alles in Ordnung kommen.

Mich schaudert es heute, wenn ich mich erinnere, wie leichtfertig ich mein Herz, meinen Körper und mich selbst zum Schleuderpreis auf den Markt geworfen habe. Das Nachtleben durchstreift habe, wie so viele Singles, Studenten, Jugendliche, auf der vergeblichen Suche nach der großen Liebe, dem großen Glück. Bedingungslose Liebe und Annahme – gefunden habe ich sie dort nicht.

„Ich mag dich, wie du eben bist"

Bedingungslose Liebe und Annahme – wie sieht die aus? Wenn man gemocht wird, wie man eben ist. Oder? Noch vor ein paar Jahren wäre diese Liebeserklärung das Beste gewesen, was ich mir hätte wünschen können. Eigentlich kann man doch froh sein, wenn einen einer ganz realistisch sieht und so liebt, wie man eben ist. Eigentlich ist es gesund, sich gegenseitig mit allen Schwächen und Macken anzunehmen und – als Mann und Frau – sich nicht blind zu verlieben, sondern gewissermaßen „sehend". Oder?

Ist es nicht das höchste der Gefühle, wenn jemand uns wirklich so annehmen kann, wie wir eben sind, Prinzessin? Unbeholfen vielleicht, leicht übergewichtig, nicht gerade auf der Überholspur des Lebens, aber immerhin liebenswert in den Augen des Partners? Mit dieser Haltung lässt sich sicher eine stabile Ehe führen.

Dies war das „gesunde Mittelmaß", auf das sich mein Denken zum Thema Beziehung eingeschaukelt hatte. Man hat einander lieb und schafft sich eine eigene Welt, in die man sich von der Welt „da draußen" zurückziehen kann. Behaglich, friedlich und liebevoll stellte ich mir den „Volvo-Mann" vor – das gemeinsame Leben in wesentlichen Punkten aber eher „nebeneinander" als miteinander. Das versprach Langlebigkeit und eine reibungslose Zukunft. Dachte ich. Denn ab einem bestimmten Alter haben beide Partner in der Regel gescheiterte Beziehungsversuche hinter sich. Mir reichte die Vorstellung, dass zwei aneinanderhängen und wissen, was sie aneinander haben, die Stärken und Schwächen des anderen kennen und sich einigen. Nach dem Motto: „Das ist es jetzt. Heiraten und Kinder bekommen."

Doch dann geschah etwas. Irgendwann lag die Bibel beiläufig auf meinem Nachttisch. Ich fing an, darin zu lesen, und ging immer häufiger mit Freunden in ihre Gemeinde. Zuerst war ich skeptisch, wollte weder an Sekte noch Guru noch eine „geschlossene Sinn-Gemeinschaft" geraten. Bloß das nicht! So wandte ich mich in einem inneren Monolog an „Gott, wenn es dich denn gibt, dann zeig dich mir" und machte ihm ein Glaubensangebot – mit der Auflage, dass er mir selbst, unabhängig von anderen Menschen, in der Bibel zeigen solle, wer er sei. Und so las ich das Johannesevangelium und dann alle anderen Evangelien. Und kam zu der Erkenntnis, dass Jesus viel realer ist, als ich gedacht hatte (viel realer als der „Volvo-Mann")! Eine ganz und gar andersartige Liebesbeziehung, als ich sie je kennengelernt hatte, begann. Die Beziehung zu Jesus, dem lebendigen Gott, die mich für immer verändern sollte, veränderte mein Bild von einer Partnerschaft. So gut ich es mir auch immer in einem Mann-Frau-Miteinander einzurichten versuchte: Bedingungslose Liebe und Annahme hatte ich in keiner Beziehung gefunden. Ich fand sie erst bei Jesus.

Heute kann ich sehen, dass ich mir selbst die ganzen Jahre über nicht viel wert war. Erst mit 29 Jahren habe ich erfahren: Ich wurde mit dem teuersten Preis bezahlt, den ein Mensch bezahlen kann: Jesus hat sein Leben auch für mich gegeben. Auch nachdem ich es „wusste", bedurfte es noch einiger Jahre, um wirklich in mein Herz zu gelangen, ganz tief hineinzusacken in mein Bewusstsein, mein tägliches Leben.

Mein ganzer Lebensstil wandelte sich, das Thema „Männer" war nicht mehr Nummer 1 auf der Agenda. Mein Verhalten Männern gegenüber hat sich relativ schlagartig verändert, mein Selbstbewusstsein als Frau eher schrittweise, manchmal schleichend, mal sprunghaft. In punkto sexuelle Enthaltsamkeit waren die ersten Jahre mit Gott ein enormer Sprung. Weder brauchte ich mir die Aufmerksamkeit und Anerkennung eines Mannes durch sexy Outfits zu erkaufen, noch war ich gerade „gut genug" für ein Spaß- & Wochenend-Geturtel, noch wollte ich immerhin „trotz" meiner selbst gemocht werden.

Bitte versteh mich nicht falsch, Prinzessin: Ja, ich wünsche mir, um meiner selbst willen geliebt zu werden. Aber nein, ich möchte kein Trostpreis für meinen Mann sein, sondern ein Hauptgewinn! Denn je länger ich über dieses Kompliment – „Ich mag dich, wie du eben bist" – nachdenke, desto weiter rutscht es in meiner Begeisterung ab und ist schließlich auf der Ebene der Klassiker gelandet wie: „Natürlich liebe ich dich,

ich habe dich ja schließlich geheiratet." Das ist keine berauschende Liebeserklärung an die Angetraute. Nein, ich fürchte, das wäre mir nicht mehr genug.

Male ich da etwa schwarz-weiß? Nein, keineswegs. Ein Mann, der seine Frau einmal mir gegenüber als „meine Königin" bezeichnet hat, der schaut sie auch in angespannten Situationen mit anderen Augen an. Ein anderer Mann, den ich kenne, wacht auch nach einer langen Diskussion am Vorabend morgens neben seiner Frau auf und ist dankbar, sein Leben mit ihr zu verbringen. Auch wenn sie Fehler macht, lernt, anstrengend sein kann.

Solche Ehen sind mir ein Ansporn: Da drücken die Partner offen aus, dass ihr Gefährte das Beste ist, was ihnen passieren konnte, ohne aus den gemeinsamen Kämpfen und Niederlagen ein Geheimnis zu machen. Solche Ehen gibt es. Ich habe sie gesehen.

So ist mein Anspruch gestiegen, nicht in eine unrealistische Erwartungshaltung einem Mann gegenüber. Im Gegenteil, es sollte die Partner eher entlasten: Je mehr ich mich als Frau mag und als wertvoll erachte, desto weniger definiere ich mich durch die Liebe meines Mannes. Das Stichwort „Hauptgewinn" erinnert mich daran, dass ich wertvoll und liebenswert bin. Eine Denke, die vielleicht gerade für junge Frauen ein Schlüssel in Bezug auf Enthaltsamkeit sein kann: Du brauchst dir Liebe nicht um jeden Preis zu verdienen, Prinzessin. Du bist kein Sonderangebot, sondern teuer erkauft.

Mal persönlich & konkret: Ich hatte die Krise meines Lebens, als ich nach einem anfänglichen Verliebtsein feststellen musste, dass der Mann meiner Wahl a) meine Gefühle nicht erwiderte, wie ich es mir gewünscht hätte, b) gar nicht der Mann war, den ich in ihm gesehen hatte, und schließlich c) dass wir kein gutes Paar abgeben würden/abgegeben hätten, wenn es so weitergegangen wäre. Also rief ich ihn an und machte dem Ganzen ein Ende. Und obwohl ich wusste, dass ich das Richtige tat, kam ein Schmerz zutage, der viel tiefer ging, als ich bis dahin je einen Liebeskummer erlebt hatte.

Was war los? Jahrelang hatte ich keine Zigarettenpackung mehr gesehen, plötzlich rauchte ich wieder wie ein Schlot. Ich heulte und war wütend, orientierungslos und unglücklich wie lange, lange nicht mehr in meinem Leben. So stürzte ich mich kopfüber in Renovierungsarbeiten und fand beim Streichen und Schleppen heraus, dass ich mich von eben diesem innerlichen „Erlösungsmodell" lösen musste. Ich war geschockt von der Möglichkeit, dass mein Leben möglicherweise eben *nicht* in der erwarteten Gleichung aufgehen würde:

Mann + Kinder = Erfüllung

Wie sollte sonst ein erfülltes Leben als Frau aussehen? Sollte ich Karriere machen? In die Mission gehen? Worin würde ich Erfüllung finden, wenn nicht in Ehe und Familie, wie ich es immer geglaubt hatte? Erfüllung ohne Kinder, nun, das wäre womöglich gerade noch irgendwie denkbar. Aber ohne Mann?? Offenbar hatte ich mich so sehr auf „Partnerschaft" eingestellt, dass ich mir nicht mehr vorstellen konnte, anders zu leben. Jetzt hing anscheinend mein Frausein daran. Stand etwa hinter diesem Modell noch etwas anderes als die Vorstellung, dass ich eine tiefe, verbindliche, lebenslange Beziehung zu einem Ehepartner aufbauen würde?

Die Leere, die beim Scheitern dieses Liebesversuchs zutage trat, war ungleich größer, als für so eine kurze Beziehung angemessen war. Es ging nicht um den Mann selbst, das begriff ich bald. Es ging um „den" Mann, „meinen Mann", um meinen Prinzen. Ich hatte mich zuvor noch nie so ernsthaft mit der Möglichkeit befasst, dass tatsächlich nichts aus der „Frau = Ehefrau"-Sache bei mir werden könnte. Und da begriff ich: Es ging um viel mehr. Es ging um die Frage, wer ich ohne Mann sein würde. Ohne Kinder, ohne die Lebensvision, die ich seit meiner Kindheit vor Augen gehabt hatte. Wer würde ich dann sein?

Und so entpuppte sich das Warten auf die große Liebe als Warten auf den zweiten Erlöser. Ich wartete also immer noch, obwohl ich doch vor einigen Jahren Jesus kennengelernt hatte. Oh. Und ich sah nun, dass sich ein paar ganz tiefe, feste Schrauben in meinem Lebensgefüge noch nicht gelockert hatten. Obwohl ich schon so viel Veränderung erlebt hatte, so viel Freude und Segen, so viel Realität Gottes in meinem Alltagsleben! Ich wusste mit jeder Faser meines Seins, dass ich wirklich Christus kennen- und liebengelernt hatte, den einzig wahren Erlöser. Und doch war da noch immer ein alter rostiger Widerhaken in meinem Herzen. Diese Geschichte hatte ihn freigelegt. Und ich begriff, dass es eine Sache des Glaubens war. Ob ich glauben wollte, was die Bibel über meine Identität in Christus aussagt. Und es somit auch eine Entscheidungssache ist: Will ich das über meine eigenen Gedanken und Gefühle stellen, gerade wenn die mir etwas anderes sagen?

Ich brauche keinen zweiten Erlöser

So entschied ich mich eines Tages, mit Eimer in der Hand und Farbe auf der Backe, noch etwas angeschlagen und liebeskrank, dass ich die Geschichte meines Lebens tatsächlich von Gott neu schreiben lassen wollte. Dass ich kein Happy End mehr brauchte, weil mein Leben bereits eines hatte. Dass ich keinen zweiten Erlöser erwartete, weil ich bereits einen gefunden hatte! Und dass ich endgültig mit dem „Nicht genug"-Credo brechen werde. Ich bin genug, so wie ich bin – mit oder ohne Mann. Es reicht, wenn ich mich auf das verlasse, was Jesus für mich getan hat. Dass er sich selbst für mich geopfert hat, ist die persönlichste Liebeserklärung, die mir Gott als Mensch machen konnte. Wenn ich es ganz nah an mich heranlasse, gibt es einen, der *mich* auserwählt und geliebt hat, einen, der mich *sieht*. Und für wunderschön befindet. In seinen Augen bin ich und bist du, Prinzessin, so schön, so wertvoll, so liebenswert, dass er alles dafür gegeben hat, uns für sich zu gewinnen und sein Leben mit uns zu verbringen. Das ist die Wahrheit.

2. Christliche Frauen – lieb, aber langweilig?

*L*iebe Königstochter, ich träume von einer Veränderung. Ich wünsche mir, dass Frauen, die ihren Schöpfer kennen, von Menschen in ihrer Umgebung als besonders einladend empfunden werden. Nicht „lieb, aber langweilig", sondern mitten in einem Leben, mit dem andere gerne tauschen würden.

Ist Gott vielleicht so: Lieb, aber langweilig? Nein! Wenn Gott so ist, wie er in der Bibel von sich sagt, dass er's ist, dann dürften unser Leben, unsere Beziehungen, unsere Gemeinden spannend sein. Und darum auch für Außenstehende so aussehen. Wie? Attraktiv! Wie wir aussehen, was unseren Alltag ausmacht, wie wir unsere Wochenenden oder Urlaube gestalten, könnte aufregend und anregend sein. Unser Leben spricht lauter als unsere Worte.

Unentbehrlich, aber auch attraktiv?

Als Frau, die sich über Jahre in einer freikirchlichen Gemeinde weiterentwickelt hat, empfinde ich diesen Mangel ganz besonders. Gerade Solo-Frauen über dreißig, vierzig, fünfzig stehen oft wie übriggeblieben da. Engagiert und übereifrig, unverzichtbar im Reigen der Ehrenamtlichen. Aber rasend attraktiv? Mit einem spannenden Leben? Nachahmenswert? Inspirierend?

Keine Frage: Frauen werden gebraucht. Sie sind wichtig. Die christlichen Gemeinden in Deutschland wären nicht denkbar ohne das Wirken der vielen weiblichen Mitglieder, die den Großteil der aktiven ehrenamtlichen Mitarbeiter stellen. Eher selten als Pfarrerin, Pastorin, Älteste, Predigerin. Das nicht.

Und so ist Serviettenfalten zur Ehre des Herrn das Glorreichste, was Frauen in so manchem Hause Gottes tun. Ob verheiratet oder ledig, jung oder mittel oder alt.

Das hat – je nach Zugehörigkeit zu Konfession, je nach Gemeinde, je nach Arbeitszweig oder Dienstbereich – viele verschiedene Gründe. Mir liegt es fern, eine Forderung nach dem Motto „Emanzipation, aber dalli!" zu erheben. Es geht nicht darum, dass Männer den ach so unterdrückten Frauen ihre Posten geben oder wenigstens Chancengleichheit einräumen müssten. Das, was vielen Frauen fehlt, ist nicht etwas, was Männer ihnen geben könnten. Oder schlimmer noch: Was sie sich gegen Männer erkämpfen oder erklagen müssten.

Lass uns etwas anders machen! Nicht, „weil alles anders werden muss". Sondern weil ich fest davon überzeugt bin, dass alles bereits anders ist.

Wir müssen uns gar nicht anstrengen. Das ist mal ein entspannender Gedanke, nicht? Nicht schon wieder etwas anders machen müssen. Überhaupt: müssen. Nicht noch mehr leisten, kapieren, unternehmen, versuchen.

Es gibt im Hause Gottes noch unentdeckte „Frauenzimmer" – Freiräume, ungenutzte Räume, Plattformen
und Nischen sowie Begabungen und Talente bei Frauen,
die wir selbst entdecken und aufräumen, ausbauen oder
umgestalten können. Es ist an uns selbst zu entdecken,
welche Farben, Töne und Geschmacksrichtungen Gott
uns als Frau auf den Weg gegeben hat. Und die Verantwortung dafür zu übernehmen, aus unseren Talenten das
Beste zu machen, herauszutreten, zu glauben, sich zu
trauen. Zu Gottes Ehre. Für uns selbst. Und füreinander.
Und für die vielen Menschen, Männer und Frauen, Junge
und Alte, die sich noch nicht in den Armen ihres ewi-
gen Vaters bergen, die noch nicht die Liebe, Freude und
Freiheit geschmeckt haben, die das Leben als Gläubige
bereichert.

Diese Liebe lässt sich doch verbreiten. Zu dieser Liebe
voller Leben lässt sich einladen, weil sie weder lieb noch
langweilig ist. Dafür allein lohnt es sich zu kämpfen. Und,
oh, wie viel mehr „Leben" ist da noch drin, im Leben mit
Christus! So wie Jesus sich das gedacht hat, wenn er in
der Bibel sagt, dass er gekommen ist, um Leben zu schaffen, und zwar Leben im Überfluss. Im gleichen Atemzug,
im Johannesevangelium 10,10, spricht Jesus auch davon,
dass uns diese Fülle gestohlen werden kann. Darum ist
mein Anliegen zugleich ein kämpferisches. Damit wir uns
eben nicht stehlen lassen, was bereits unser ist.

Ob es das Ringen mit der eigenen Figur ist, die Sorgen
um Geld, Arbeitsplatz, liebe Familienangehörige oder

Freunde. Ob es die Träume sind, die wir als Mädchen oder Jugendliche hatten, oder die Unsicherheiten, Komplexe, die manch eine davon abgehalten haben, sie zu verwirklichen. Ob es die Scham ist zu sein, wie man ist – nicht zu sein, wie man denkt, dass eine Frau sein soll. Ob es das Ringen mit dem Alleinsein ist oder Frustration über die Eigenheiten des Partners, der Kinder, Mütter, Väter. Oder ob es vielleicht nur die Wohnungseinrichtung ist, die man sich satt gesehen hat, oder Unzufriedenheit mit dem Leben ohne besonderen Grund. Ob es Perspektivlosigkeit ist, Angst oder Ungeduld – auf allen Ebenen unseres Alltags spielen sich die Kämpfe um pralles, erfülltes „Leben" von Gott oder teuflischen, schleichenden, unentdeckten „Diebstahl" ab.

FRAUEN – SICH SELBST DER GRÖSSTE FEIND

Mit scharfem Verstand und spitzer Zunge

Ich behaupte mal: Aus irgendeinem unerfindlichen Grund richten Frauen die Kraft und Schärfe ihres Verstandes gern gegen sich selbst, statt sie produktiv nach außen zu wenden. Wir haben jede Menge Verstand, doch wie nutzen wir ihn? Analysen, tiefe Einsichten und Erkenntnisse – dazu sind wir fähig. Aber mal abgesehen von Professorinnen, Akademikerinnen und sonstigen „Berufsschlauen" – die schlauen Gedanken von Frauen im Alltag richten sich meistens auf den Binnenraum der menschlichen Psyche, auf Beziehungsgeflechte in unserem näheren sozialen Umfeld und seltener, viel seltener auf Börsenkurse, Fragen der sozialen Gerechtigkeit, der Schulpolitik, der Stadtteilplanung, auf Gewerkschaftsthemen, Außenpolitik, die Natur, den Kosmos, die Welt, in der wir leben. Wir richten unsere Beobachtungsgabe nach innen statt nach außen.

Oder doch, halt: Über andere Leute machen wir uns auch gern unsere Gedanken. Andere Frauen aus unserem Revier haben wir schon öfters – natürlich wohlmeinend – verbal auseinandergenommen. Mit großer Ausdauer haben wir die Einzelteile ihrer Psyche analysiert und mit unserer Freundin, Kollegin, Mutter gründlich besprochen. Und hätten so für die Betroffene jede Menge Antworten für ihr Leben. Wenn sie uns nur fragen würde … (manche geben ihre Ansichten gern auch ungefragt weiter).

Es ist eine traurige Tatsache, dass in meinem Umfeld – als klarer Ausnahmefall, logisch – Frauen sich lieber auf das Leben anderer stürzen, statt sich selbst in ihrem Leben auszutoben, lieber über die Fehler anderer herziehen, statt sich selbst herauszutrauen. Lassen wir uns vielleicht von verstecktem Neid und spitzem Spott unserer Geschlechtsgenossinnen verunsichern und bremsen? Abgesehen davon, dass sich gesellschaftlich und traditionell gesehen bestimmte Sachen immer noch nicht „für eine Frau gehören". Im Einzelfall arbeiten wir vielleicht wirklich in einer von Männern dominierten Sphäre, wo es Männer darum leichter haben als unsereins.

Unabhängig davon, ob du eine verheiratete oder eine alleinstehende Frau bist, eine junge oder eine ältere Frau, eine berufstätige oder zu Hause arbeitende Frau … Unabhängig von all den vielen Etiketten, mit denen wir uns selbst belegen oder von anderen Menschen belegen lassen … Abgesehen von allen guten oder schlechten Entschuldigungen, die wir dafür vorbringen könnten – Fakt ist: Es gibt zu viel ungenutztes Potenzial bei Frauen.

Was ich damit meine: Ungelebtes Leben, unerreichte Träume, ungeförderte Talente, unentdeckte Schätze, ungeschliffene Rohdiamanten. Zu viele verkappte (statt eingesetzte) Leiterinnen, viele schlafende Heldinnen. Christliche Frauen sind sichtbar, aktiv, emanzipiert, unabhängig, ja, wir leben, wir denken und schaffen. Aber „irgendwie" dringt für mein Gefühl nicht genug an die Oberfläche. Mir scheint, es wird zu wenig von dem verwirklicht, was in uns gläubigen Frauenzimmern steckt, zu wenig wahrgenommen und gestaltet, mitgeteilt und offen ausgelebt, ausgedrückt, produktiv kommuniziert. Es gibt zu viele ungeschriebene Bücher, unaufgeführte Lieder, Reden und Predigten, die kein Mensch hört, Konferenzen und Workshops, die nicht veranstaltet werden, Hilfsaktionen, die nicht geschehen, Karrieren, die nicht begonnen werden. Und das ist so erschreckend normal! Es gibt, wenn man bedenkt, dass wir ganze 52 % der an Jesus glaubenden Bevölkerung ausmachen, rein statistisch zu wenig christliche Ärztinnen, Hotelchefinnen, Erfinderinnen, Modeschöpferinnen, Regisseurinnen, Pastorinnen.

Wobei es mir nicht um Gleichberechtigung geht, sondern darum, dass wir mehr von unsern Träumen und Möglichkeiten verwirklichen. Viele Frauen erscheinen mir viel beschäftigt und trotzdem unausgefüllt. Ich denke, viele von uns haben ihre Träume vergraben. Wenn wir sie zutage fördern und an die Verwirklichung gehen, leben wir auch zufriedener. Ob als Mutter und Familienfrau oder in einem beruflichen oder ehrenamtlichen Engagement außerhalb der Familie. Kurzum: Es gibt zu wenig wachgeküsste Prinzessinnen.

Was hält uns zurück?

Das gespaltene Ich – der innere Preisrichter

Diejenigen unter uns, die schon in den ausgehenden 1970er-Jahren ferngesehen haben, kennen vielleicht noch den Werbespot für einen Weichspüler, in dem genau das wunderbar auf den Punkt gebracht wird: Die patente Hausfrau hat Handtücher gewaschen, da meldet sich das zweite Ich zu Wort. Ob die denn bitteschön nicht viel zu hart seien? Dabei hab ich sie doch weichgespült (leise Verzweiflung in der Stimme)! Dann habe sie wohl nicht den richtigen benutzt, Weichspüler und Weichspüler seien eben nicht dasselbe (besserwisserisch). Weshalb die Hausfrau besser Produkt X nähme. Schnitt auf die zufriedenen Gesichter von Mann und Kindern, die sich fröhlich in die weichgespülten Handtücher kuscheln.

Mein Verdacht ist, dass es diese Instanz, dieser innere Preisrichter ist, der Frauen häufig nicht von der Stelle kommen lässt. Es ist die Stimme des inneren Preisrichters, die viel von unserer Produktivität blockiert, mit seiner laufenden Berichterstattung – wahrheitsgemäß, aber unbarmherzig. Nicht, dass Männer sie nicht hätten. Das wage ich nicht zu behaupten. Aber mir sind viel mehr solcher reflektierender Frauen begegnet, als Männer, woraus ich schließe, dass es, wenn nicht ausschließlich, dann doch „typisch" weiblich ist. Wovon Männer manchmal zu wenig haben, davon scheinen wir zu viel zu haben: Selbstreflexion bis zum Abwinken! Als hätten wir Frauen eine zweite Instanz im Hirn, die uns permanent bei allem zusieht, was wir tun. Ein zweites Ich, ein kluges, selbstkritisches Ich, das permanent seinen Kommentar abgibt.

Und so wird der erste Einfall überdacht und über den Haufen geworfen. Und die nächste Überlegung wieder und wieder überdacht und hinterfragt, ohne Ergebnis. Und so schafft man – als Frau – nix weg! So dringt von den vielen klugen Gedanken, die wir uns gemacht haben, auch nicht der kleinste Schimmer nach außen. Perfektionismus? Vielleicht. Ich denke, es steckt noch etwas anderes dahinter.

Selbstkritik statt Ansporn

Die Frage ist, welche Botschaften das „zweite Auge" dem Selbst permanent sendet. In der Regel sind es kritische statt ermutigende Sätze, die wir uns selbst zurufen: „Bist du dir *wirklich* sicher, dass …?", „Ich wäre ja lieber vorsichtig mit …", „Du hast es gerade nötig…", „Schau dir doch mal an, wie du …", „Na, verglichen mit XY schneidest du nicht gerade glorreich ab!", „Die fragen sich bestimmt, was du dir denn hierbei wieder gedacht hast", „… aber das weiß doch sonst jeder!", „Ich wäre an deiner Stelle lieber ruhig!", „Das kannst du nicht ernst meinen …", „Was hast du denn diesmal wieder angestellt?", „… netter Versuch", „Versager!"

Die gelebten Botschaften

Natürlich übertreibe ich. Aber ich glaube, wenn wir mal ernsthaft die Kernbotschaften des inneren Preisrichters laut aussprechen würden, wäre klar: Bei so viel Selbstkritik braucht kein Mädchen mehr Feinde! Woher aber stammen diese Botschaften? Habe ich sie mir selbst zugelegt? Abgeguckt? Weshalb? Zum Schutz vor der schlechten Meinung anderer? Aus Angst zu scheitern? Ist das typisch für Frauen? Wie haben die Frauen in deiner Kinderwelt gelebt, Prinzessin? Deine Mutter, Nachbarin, Grundschullehrerin, die Mutter deiner besten Freundin? Hat ihr Leben dich angespornt? Waren sie mutig, haben sie sich vorgewagt, neue, ungekannte Dinge angepackt und ausprobiert? Haben sie, soweit du sehen konntest, ihr Leben selbst mitgestaltet? Haben sie offen, aktiv und visionär Einfluss auf ihr Umfeld ausgeübt? Lagen ihre Karten auf dem Tisch, wenn ihnen etwas nicht gepasst hat?

Haben sie, soweit du dich erinnern kannst, Dinge in ihrer Welt verändert? Wie sind sie mit Fehlern und Niederlagen umgegangen? Würdest du sagen, dass die Frauen, die du als kleines Mädchen erlebt hast, ihr Leben geliebt, gestaltet und genossen haben?

Vielleicht sind es weniger die ausgesprochenen Botschaften, die wir in unserem Inneren nachsprechen. Vielleicht sind es eher die, die wir von ihnen vorgelebt bekamen, unausgesprochene Botschaften, die wir als Kind an ihrem Leben beobachtet und nachgeahmt haben. Bittere Bilanz? Bis auf wenige Ausnahmen waren die Frauen in meinem Umfeld nicht viel anders, als ich es oben beschrieben habe: selbstkritisch und selbstreflexiv bis zur Selbstunsicherheit. Das heißt nicht, dass diese Frauen durch die Bank unproduktiv oder in ihrem Ausdruck, in ihren Entfaltungsmöglichkeiten gelähmt waren. Dennoch habe ich die wenigsten als „frei" oder lebensfroh wahrgenommen.

Gute Beispiele

Eine herausstechende Ausnahme meiner Jugend war eine Frau, die im Stadtrat saß und sowohl ihre große Familie wie Freundschaften pflegte. Ihre Tochter war im Teeniealter meine beste Freundin. Diese beiden waren für mich echte weibliche Ausnahmefälle, an die ich mich erinnern kann. Meine Freundin war ein Ausbund an Unabhängigkeit, Lebensfreude, Produktivität und zupackender Selbstsicherheit. „Woher weiß sie das nur so genau?", habe ich mich oft gefragt, wenn ich hörte, wie klar und voller Inbrunst sie ihre Meinung zu irgendetwas kundtat. Es war immer absolut „super!" oder „schrecklich!". Ich hätte einfach nicht zu sagen gewusst, wie sie so schnell zu einem

Urteil kam. Und ich bewunderte, mit welcher Selbstverständlichkeit meine Freundin sich das Recht nahm, ihre Meinung lauthals zu vertreten und, wo es möglich war, in die Tat umzusetzen. Ich habe sie dafür bewundert, wie sie unbefangen und ohne sich groß um das Gerede anderer Leute zu kümmern, ihr Leben gelebt hat.

Ich dagegen hatte immer zu viel Angst, Fehler zu machen. Angst, alleine dazustehen, wenn sich nicht genug Leute meiner Meinung anschlössen. Unbeliebt zu sein, war eines der furchtbarsten Dinge, die ich mir vorstellen konnte. Undenkbar, mich ohne die Anerkennung wenigstens einiger (für meinen sozialen Rahmen ausschlaggebender) Persönlichkeiten *einfach so* gut und wohl in meiner Haut zu fühlen. Ich hatte nicht gelernt, mich auf mein eigenes Urteil zu verlassen.

Lerne ich es heute? Heute, wo ich mit Jesus lebe, wo ich an die Richtigkeit und Bedeutung der Bibel als Wort und Ausdruck des Willens Gottes glaube, wie steht es da mit meinem eigenen Urteil? Zwischen „… nicht mein, sondern dein Wille geschehe" und meiner freien Entfaltung – wie finde ich da die Balance? Von wem kann ich es lernen? (Wo) Hast du es gelernt, Schwesterherz? *Glaubst* du überhaupt, Gott will, dass du dein Leben aktiv, visionär, mutig und unerschrocken gestaltest? Dass du es von ihm aus dürftest, wenn du es möchtest, heißt das?

Ja! Ich glaube, dass du es darfst, sogar unbedingt. Ich glaube, dass eine neue Zeit für Frauen angebrochen ist. Und ich bin mittlerweile ernsthaft entschlossen, mir neue Vorbilder zu suchen und das, was ich noch nicht kenne oder kann, zu lernen.

Wunschzettel

ICH WÜNSCHE MIR ...

Frauen, deren Leben mich anspornt –

und möchte selbst eine Frau sein, deren Leben
andere ermutigt, weiter aus ihrem
bisherigen Lebensradius herauszutreten,
ohne undankbar für das zu sein, was sie hat;

Frauen, die mutig sind, die sich vorwagen –

und möchte selbst neue, ungekannte Dinge ausprobieren,
ohne unvorsichtig und rücksichtslos zu werden;

*Frauen, die ihr Leben selbst mitgestalten und
ihre ganze Persönlichkeit darin sichtbar werden lassen –*

und ich möchte selbstständig gestalten,
ohne egoistisch zu sein;

*Frauen, die offen, aktiv und visionär
Einfluss auf ihr Umfeld ausüben –*

und möchte selbst lernen, klar und kraftvoll meine Vor-
stellungen nach außen zu tragen,
ohne andere dabei zu dominieren;

Frauen, die ihre Karten auf den Tisch legen,
wenn ihnen etwas nicht passt –

und möchte selbst üben, ehrlich und liebevoll verschiedene Interessen auszudrücken und eine gemeinsame Lösung für alle zu finden,
damit Vertrauen wachsen kann;

Frauen, die humorvoll und transparent mit Fehlern und
Niederlagen umgehen –

und möchte endlich keine Angst mehr haben,
sondern den Mut, Fehler zu machen
und aus ihnen zu lernen;

Frauen, die Gott, ihren Nächsten
und ihr eigenes Leben
lieben und genießen –

und möchte jede Menge Spaß mit ihnen haben;

Frauen, die den Mumm haben,
die Welt zu verändern! –

und möchte selbst anfangen,
Verantwortung zu übernehmen,
und Teil einer Generation werden,
die nicht nur für sich selbst lebt!
Möchte darum lernen, mich mit
Haut und Haaren für Menschen einzusetzen,
ohne mich aufzureiben.

Wenn wir das ungenutzte Potenzial zutage fördern wollen, lautet mein Fazit: Frauen brauchen Unterstützung. Das heißt für uns, Prinzessin: Frauen brauchen Vorbilder und Verbündete. Und wir brauchen den Mut, in aller Unvollkommenheit diese Rolle für andere zu übernehmen. Die innere Preisrichter-Instanz in dir und in mir, liebe Prinzessin, braucht laute, liebevolle Gegenstimmen, die sagen:

„Du schaffst es! Ich glaube an dich! Ich habe gesehen, was du in dieser und jener Situation fertiggebracht hast. Es steckt in dir! Sei nur mutig. Fang an. Lass dich nicht einschüchtern. Du brauchst nicht alles fertig im Kopf zu haben. Es findet sich! Trau dich! Hab keine Angst. Du wirst es zu Ende bringen. Ich helfe dir. Du brauchst nicht alles alleine zu machen. Ich stehe hinter dir! Ich unterstütze dich."

„Bitte sage mir, was ich für dich tun kann. Bitte melde dich, wenn du Hilfe brauchst, wenn es dir nicht gut geht, wenn du nicht weiterweißt. Ich möchte für dich da sein. Ich kann deine Zweifel und Ängste verstehen. Du brauchst dir keine Sorgen zu machen, das bleibt alles unter uns."

„Du wirst an dieser Sache wachsen, nicht zerbrechen. Irgendwann schauen wir auf diese Zeit zurück und lachen gemeinsam darüber, wie du dir den Kopf zerbrochen hast. Beim nächsten Mal wird es schon viel, viel einfacher gehen. Du schaffst es. Ich glaube an dich!"

Ich möchte es mit anderen Frauen gemeinsam so weit wie möglich schaffen, das Potenzial auszuschöpfen, das Gott in uns hineingelegt hat, als er uns schuf.

Doch wenn wir Frauen so, wie wir natürlicherweise sind und leben, nicht das umsetzen und erreichen, was in uns steckt – was hat Gott sich dabei gedacht, als er Frauen schuf und uns so, wie wir sind, auf die Welt losgelassen hat?

Die erste Frau

Als Gott die erste Frau, Eva, geschaffen hat, hat er sie als „Hilfe" für Adam, den ersten Mann, geschaffen: „Und Gott der Herr sprach: Es ist nicht gut, dass der Mensch allein sei; ich will ihm eine Gehilfin machen, die ihm entspricht!" Der Begriff für „Gehilfin", den die Lutherbibel hier im Buch Genesis (1. Mose 2,18) nennt, bedeutet auch: Beistand, Gefährtin, eine Hilfe als sein Gegenüber. Ein Gegenüber ist – wohlgemerkt – auf Augenhöhe. Damit ist Eva mehr als eine reine „Zuarbeiterin". Ein Mann kann weibliche Angestellte haben, die für ihn Sachen erledigen, ohne ihm ein Gegenüber zu sein. Eva hat als Beistand Adam auch etwas zu geben, das ihm weiterhilft. Schon klar, oder? Damit hier keine uralten Kamellen aufgewärmt werden.

Die Frau als „Ermöglicherin"

Mag man es nun sehen, wie man will; ich sehe dieses uralte Missverständnis, sozusagen Evas Erbe, tagtäglich im Berufsleben, in meiner Familie, in meinem Freundeskreis.

Soziokulturell (fesches Fremdwort, gell?) und historisch gesehen kann man wahrscheinlich eine von Männern geführte „Gesellschaft" dafür verantwortlich machen.

Mich wundert nicht, dass ich mehr Regieassistentinnen als Regisseurinnen kenne. Es gibt ohne Frage viel mehr Produzentinnen, die anderen künstlerisch oder sonst wie „Schaffenden" den kreativen Rücken freihalten, als es kreativ produktive Frauen gibt. Ob als bildende Künstlerin, Fotografin, Schriftstellerin, Regisseurin – kreativ Schaffende sind meistens die Männer, deren Produktivität von unterstützenden Frauen ermöglicht wird. Wir sind „Ermöglicherinnen": Wir machen Dinge für andere möglich. Die anderen können unsere Männer sein, denen wir beruflich oder privat ermöglichen, ihre Träume und Pflichten zu erfüllen. Was das Ermöglichen für andere angeht, sind wir aber nicht auf ein männliches Gegenüber beschränkt, es können auch unsere Kinder, Freundinnen, Eltern, Nachbarn, Kolleginnen, Mitschülerinnen sein.

Beruflich gesehen ist diese Rollenverteilung längst klar: Was wäre ein Manager ohne eine Sekretärin, ein Arzt ohne eine Arzthelferin, ein Regisseur ohne eine Assistentin, ein Pastor ohne die Gemeindeschwester? Aufgeschmissen! Ganz einfach. Und fällt dir auf: Die Rollen „Bestimmer" und „Ermöglicherin" sind praktisch schon ohne eine jeweilige Person (mit Persönlichkeit) auf männlich und weiblich geeicht. Männer arbeiten in dieser engen Berufsbeziehung oftmals erklärtermaßen „lieber mit Frauen zusammen". (Früher haben sie diese Frauen dann häufig geehelicht, aber das ist heute wahrscheinlich nicht mehr nötig. Anderes Thema.)

Eine letzte Mutmaßung gefällig, weshalb lieber weibliche als männliche Assistenzkräfte für eine enge Abhängigkeit im Berufsalltag gewählt werden? Weil wir nicht so schnell auf die Idee kämen, seinen Job haben zu wollen, auch wenn wir unsere Sache bald besser machten als unser Boss. Und weil Frauen oft die besseren Teamarbeiter sind. Das heißt sie können gut koordinieren, die Interessen aller Beteiligten im Auge behalten, weil sie besser mehrdimensional denken können. Es stimmt zwar nie für „die" Frauen, statistisch gesehen aber wohl schon. Das fällt auch in der Familie auf: Viele Männer würden sich sehr schwertun, wenn sie so viele Bedürfnisse parallel koordinieren müssten, wie es ihre Frauen täglich tun.

Das Lob und das gute Gefühl, unsere Sache gut zu machen, sind uns schon Befriedigung genug. „Ich mache das schon!" Wenn wir dem anderen eine Sache abnehmen und optimal – also schon wortlos – zuarbeiten, befriedigt uns das. Das geht einer Sekretärin ebenso. Das Gefühl (oder: die Illusion?) der Unverzichtbarkeit sind uns Lohn genug. „Ich mache das gerne für …" Wir kämen nicht auf die Idee, den Chef bei passender Gelegenheit an anderer (höherer) Stelle als weniger kompetent dastehen zu lassen, um selbst für den Posten infragezukommen, oder? Darum sind weibliche Ermöglicher häufiger als männliche: Wir glänzen, wenn der andere gut dasteht. Je unauffälliger wir unseren Job verrichten, desto besser machen wir ihn. Je weniger Aufhebens dabei um uns als Person und Funktion gemacht wird, desto besser „läuft" es. Wir stehen gut da, wenn wir für den anderen da sind. Und lassen uns daran genügen. Und daran ist auch nichts verkehrt!

Wir geben uns gerne hin – einer Sache, einem Menschen, einer Aufgabe. Und so hat Gott uns als Frauen geschaffen.

Verbündete

Stell dir vor, Frauen würden ernsthaft anfangen, füreinander da zu sein. Was wäre, wenn sich Frauen mit ihrer Kapazität, sich die Sache des anderen zu eigen zu machen, füreinander einsetzten – statt zu beobachten und kritisch zu sezieren? Was wäre, wenn Neid, Eifersucht und Reden hinter dem Rücken der anderen aufhörten? Wenn der Erfolg der einen Frau die Freude und der Verdienst einer – oder mehrerer anderer wäre, die sich hinter sie gestellt haben? Stell dir vor, Prinzessin: Statt dein Denken, Reden und Handeln von unterdrücktem Neid und kaum wahrnehmbarer Eifersucht auf deine „Nächste" prägen zu lassen, stellst du dich hinter sie und feuerst sie an!

Wenn wir die vereinigte Kraft unseres Verstandes, unserer Sensibilität und unseres Willens bewusst dazu einsetzten, einander gegenseitig zu unterstützen – wie weit könnten wir kommen!

Frauen sind eigentlich von ihrer „Machart" dazu prädestiniert, sich gegenseitig zu helfen. Wie kann es also sein, dass wir das im Alltag, im Berufsleben wie auch in den Gemeinden so wenig in die Tat umgesetzt finden? Hast du dich das schon einmal gefragt, liebe Königstochter? Ich habe den Verdacht, dass da etwas dahintersteckt. Dass mehr dahinter ist als nur Unaufmerksamkeit oder Sorge ums eigene Weiterkommen. Es ist ja nicht so, als hätten wir alle schon mal den Vorsatz gehabt, uns mehr um die Frauen in unserem Umfeld zu kümmern, mehr in sie zu investieren, zu ermutigen und aufzubauen – und seien nun ausgerechnet dazu „zufällig" immer zu beschäftigt. Oder?

Frauen im Rudel

Was verbindest du spontan damit, wenn du dir vorstellst, dass Frauen sich zusammentun? Na? Was sind die ersten Assoziationen? Bei mir sind es so Stichworte wie: Tupper-Partys, Kaffeeklatsch, Bridge-Club, Häkeln, Nähen, Kochrezepte austauschen. Und Tratschen, hui, unangenehme Vorstellung. Hinter dem Rücken über andere herziehen. Gruselig. Kichern, fiese Seitenblicke, beredtes Schweigen. Wenn eine andere den Raum betritt, nicken sich die anderen vielsagend zu.

Mädchen, Teenies und sogar erwachsene Frauen, die auf einen Haufen zusammenkommen, haben in meiner Erinnerung eher etwas Unangenehmes. Frauen, die sich so verbünden, können richtig gemein und geradezu brutal sein. Frauen, die sich beim Sonderschlussverkauf wie die gierigen Hyänen auf die Grabbeltische werfen, das ist so einladend wie die Vorstellung, unter ein Rudel hungriger Wölfinnen zu fallen. Wenn eine Frau erst einmal schlechte Erfahrungen mit anderen Frauen-in-Gruppen gemacht hat, wird sie sich vielleicht eher hüten, sich mit anderen zusammenzutun, oder? Wäre nachvollziehbar ...

Frauen in einer christlichen Gemeinde – was sind da die ersten Assoziationen, die dir kommen? Falls du in einer lokalen Gemeinde Mitglied bist oder zumindest solche Kirchen schon einmal besucht hast – wie hast du die Frauen darin wahrgenommen? Bist du schon einmal mit christlicher Frauenarbeit in Berührung gekommen? Hast du dich von Angeboten für Frauen angesprochen gefühlt? Welchen Beigeschmack hat es für dich, wenn du den Ausdruck „Frauenarbeit" hörst?

„Frauen"-Aktivitäten wirkten auf mich früher – interessanterweise bevor ich mich mit *meinem* eigenen Frausein anfreundete – oft blass und unspannend. Verglichen mit anderen Angeboten in der Gemeinde, in die ich ging, kamen die „Frauen-Sachen" für mich weniger attraktiv und einladend daher. Was ich schon an den Ankündigungen festmachte. Internationale Gastredner, Konzerte, Theateraufführungen, Feste, Jugendfestivals und das Ferienprogramm für die Kids wurden mit großen, poppigen Hochglanzplakaten oder gedruckten Handzetteln beworben. Die Ankündigung für „Frauen"-Themen fand ich in der Regel auf selbst gedruckten Faltzetteln. Blassblau oder hellrosa Tonpapier mit einem hilflos platzierten Motiv aus der Bildersammlung des Computerprogramms. Dabei waren die Aktivitäten gar nicht so marginal, wie die Handzettel vermuten ließen: Mutter-Kind-Freizeiten, Frühstückstreffen, Weltgebetstag der Frauen (Veranstaltungen, die in anderen Kirchen großen Zulauf haben und geschätzt werden, wie ich später erfuhr).

Was ich daraus indirekt folgerte: Frauen sind hier nicht wichtig. Für mich hatte alles, was mit „Frauenarbeit" zu tun hatte, den Beigeschmack von Behinderten- oder Randgruppen-Betreuung. Klar war ich eine Frau, aber ich sah mich nicht als Randgruppe und wollte schon gar nicht betreut werden! Rückblickend sehe ich, wie sich eine richtiggehende Abneigung bei mir entwickelte, die durchaus in Einklang mit dem fehlenden Spaß am Frausein stand. Je mehr ich begann, meinen eigenen Wert als Frau zu entdecken, desto mehr wurde ich eine Frau, die sich für Frauen interessiert. Doch es war ein allmählicher Prozess und noch vor wenigen Jahren wäre ich nie auf die Idee gekommen, mich mit christlicher Frauenarbeit zu befassen, geschweige denn zu identifizieren. Nö. Ich engagierte mich lieber in den für das Gemeindeleben scheinbar wichtigeren, „richtigen" Diensten. Mittlerweile schlägt mein Herz für diese „Randgruppe" ☺ und ich weiß von anderen, die sich begeistert engagieren, dass bei ihnen Arbeit mit Frauen blüht. Vielleicht sind sie dort einfach schon einige Schritte weiter.

Frauen brauchen Unterstützung

Frauen brauchen Vorbilder und Verbündete, um ihr ganzes Potenzial zu entfalten. Wie kommen wir dahin? Beim Nachlesen in der Bibel wird deutlich: Frauen sind von Gott als „Unterstützerin" angelegt. Rechnen wir beide Gedanken zusammen, heißt das: Frauen sind eigentlich, von ihrer „Machart" her, dazu prädestiniert, sich gegenseitig zu helfen. Wie kann es also sein, dass wir im Alltag, im Berufsleben wie auch in den Gemeinden so wenig Unterstützung von Frauen für Frauen erleben?

Wie wunderbar könnte es sein

Es ist, wenn man es genau betrachtet, nicht weniger als tragisch. Und hat Methode, würde ich glatt sagen. Denn stell dir bitte vor, was für eine Kraft es hätte, was für eine Bewegung da zustande käme, wenn im Haus Gottes die Prinzessinnen gemeinsam zu ihrem vollen Potenzial erwachten?! Wir hätten den allmächtigen Gott, den Schöpfer des Universums auf unserer Seite. Und andere Frauen obendrein: Frauen, die nicht hinter unserem Rücken reden (mal angenommen, sie verhalten sich wie Christen und nennen sich nicht nur so). Schöne Frauen, einzigartige, originelle Frauen. Frauen, die mit Gottes Hilfe Neid und Eifersucht hinter sich lassen. Frauen, die gemeinsam Raum für ihr Wachstum im Glauben, für seelische Heilung und körperliches Wohlbefinden schaffen. Frauen, die mit Kreativität und Verstand Geld und praktische Mittel zusammenlegen. Frauen, die gemeinsam beten und fasten und im Glauben für eine Sache einstehen.

Stell dir einfach mal vor, die Frauen in deiner Gemeinde fangen an, ernsthaft füreinander da zu sein! Wenn die Frauen Gottes – mit ihrer gottgegebenen Kapazität, sich die Sache des anderen zu eigen zu machen – anfangen, sich mit vereinten Kräften füreinander einzusetzen, frage ich dich: Wodurch wären sie zu stoppen?

Ach nee … Wem nützt es am meisten?

Fällt dir etwas auf? Der Wahnsinn hat Methode. Oder glaubst du, es ist bei näherem Hinsehen lediglich ein ungünstiger Zufall, dass ausgerechnet Frauen, die in besonderem Maße Unterstützung brauchen, in der Regel nicht besonders gut miteinander klarkommen?

Wer profitiert davon, dass der scharfe weibliche Verstand und die spitze Zunge der Frauen oft gegeneinander gerichtet sind? Wenn Frauen allzu schnell unliebsame Konkurrentin, Rivalin, Kritikerin der anderen sind? Im Kriegsfall wäre das eine ausgesprochen ungünstige Ausgangsposition. Theoretisch. So wir Krieg hätten, einen Feind, der uns angreift, belügt, bestiehlt und um die Fülle eines blühenden Lebens bringen wollte …

Angenommen, wir hätten einen Feind, heißt das. Angenommen, wir hätten etwas zu verlieren oder aber zu erobern. Wie günstig für den Feind, dass Frauen im Hause Gottes sich so schwer damit tun, Seite an Seite zu arbeiten, zu feiern, zu kämpfen.

Wenn wir tatsächlich glauben, was die Bibel sagt, haben wir einen solchen Feind. Wenn der Teufel oder böse Mächte existieren, wie die Bibel es sagt, hat er ein leichtes Spiel damit, Frauen einander subtil zu entfremden, sie einzeln zu verunsichern, ihre Konkurrenz zu schüren, sodass sie am Ende nicht auf die Idee kommen, welche Stärke sie entwickeln könnten, wenn sie sich verbünden würden.

Wann braucht man Verbündete? Wenn man allein zu schwach ist, um mit einer Situation, einem Problem, einem Gegner fertig zu werden. In Kriegszeiten suchen sich alle ansatzweise Beteiligten möglichst starke Verbündete, weil sich die Erfolgsaussichten mit der geballten Kapazität aller verbessern. Zusammen entwickeln sie damit eine Position, eine Stärke, die jede Partei einzeln nicht vorweisen könnte. Alle profitieren davon, wenn die Verbündeten sich loyal verhalten. Und unabhängig davon, wie wenig „verbunden" Verbündete unter anderen Umständen sind – sie eint die gemeinsame Sache. Oder der gemeinsame Feind.

Prinzessin, es tut mir leid, wenn ich dein Weltbild durcheinanderbringe, aber ich habe Neuigkeiten: Unser gemeinsamer Feind existiert. Er oder es ist quicklebendig und weit entfernt davon, lediglich eine Erfindung der Kirchenväter oder eine überholte Kulturerscheinung des Abendlandes zu sein. In der Bibel heißt er Satan, Vater der Lüge und Ankläger. Und der Kampf, den dieser Feind gegen Gottes Schöpfung – und besonders gegen sein Volk auf der ganzen Welt – führt, ist real. Ob wir das glauben oder nicht. Darum wird es höchste Zeit, dass wir uns zusammentun. Darum ist christliche Arbeit mit Frauen wichtig.

Darum ist es höchste Zeit, dass wir etwas Neues in unseren Gemeinden anfangen. Merkst du was? Wir haben tatsächlich etwas zu verlieren – und zu verwirklichen. Den Frauen im Hause Gottes zu dienen, sie aufzubauen und eine Kultur der gegenseitigen Unterstützung zu schaffen, ist wichtig. Frauen sind wichtig.

KULTUR DER WERTSCHÄTZUNG

„Wie eine Ganzkörperpredigt
oder ein Strauß frischer Blumen"

Aus einem Bericht von einer kreativen Frauenkonferenz:
Alles begann mit einem freundlichen Mann mit „Hillsong London"-T-Shirt am Ausgang der U-Bahn. Er zeigte uns den Weg zur „Colour Your World Woman's Conference", einer Frauenkonferenz der Hillsong Gemeinde London. „Wie nett von ihm", dachte ich bei mir. Schließlich war es ein stinknormaler Freitag, und es ist keine Selbstverständlichkeit, dass ein Mann, der selbst am wenigsten vom Geschehen haben würde, sich einen Arbeitstag (!) Zeit für eine Frauenkonferenz nimmt.

Um es vorwegzunehmen, ihr Lieben, für die 2.800 „Colour"- Besucherinnen aus der ganzen Welt war das Wochenende: schiere Freude, pure Verwöhnung, ein wahr gewordener Mädchentraum.

Das Beste an der Frauenkonferenz waren die Männer. Insgesamt waren es fast vierhundert, die sich freiwillig gemeldet hatten, uns Frauen die Tage so schön wie möglich zu machen. Zur Begrüßung wurden die Türen aufgerissen, und ein „Willkommen, Ladys!" schallte uns entgegen. Überall standen Kavaliere am Treppenaufgang, an jeder Tür, servierend, helfend, grüßend, lächelnd. Manche waren schon seit 4 Uhr morgens da, um zu schleppen.

Zu dem beglückenden Gefühl, von den Herren der Schöpfung auf Händen getragen zu werden, kamen: gutes Essen, mitreißende Lieder, witzige Spielfilm-Ausschnitte und vor allem geistlicher Input in alltagsnahen Vorträgen von klugen und schön gekleideten Frauen mit Witz und Herz.

Das Programm war – wie die Sprecherinnen selbst – abwechslungsreich wie ein Strauß bunter Blumen. Die kreativen Nebensachen reichten von schwesterlicher Verwöhnung (gratis Nackenmassage oder Maniküre) über kulinarische Genüsse hin zu karitativen Aktivitäten (z.B. Sponsoring für AIDS-Waisen, Willkommensgruß für Flüchtlinge schreiben, ein Frauenhaus unterstützen). Der absolute Höhepunkt war die Schokoladenfontäne: Kleingeschnittenes Obst, Gebäck und Marshmallows wurden aufgespießt und unter feinste belgische Schokolade gehalten, die sich wie ein dunkler, süßer Fluss über drei Etagen ergoss. Ahhhh …

Colour existiert, um Frauen Wertschätzung zu vermitteln, heißt es in der Einladung. Diese Wertschätzung wurde nicht nur behauptet. Sie konnte mit allen Sinnen wahrgenommen werden. Wertschätzung sprach aus so vielen Kleinigkeiten, dass man kaum noch mitzählen konnte. All diese Kleinigkeiten sagten eines: Du bist kostbar. Du bist geliebt. Du bist eine Königstochter. Ich glaube an dich. Sag es anderen weiter. Sag ihnen, dass es einen Gott im Himmel gibt, der an sie glaubt.

Wertschätzung kann viele Gesichter haben. Sie kam in den ausgewählten Popsongs zum Ausdruck, die in den Pausen liefen. In den Lippenstift-Botschaften auf dem Spiegel der Damentoilette: „Sie liebte das Leben – und es liebte sie zurück!" Oder: „Eines Morgens wachte sie auf und warf all ihre Ausreden weg!" Und von allem wurde nur das Beste aufgetragen (z. B. die gute belgische Schokolade). An nichts gab es Mangel, keine Warteschlan-

gen am Buffet, überall Mineralwasser, frischen Kaffee & Tee …
Kurzum: Von allem, was gut und angenehm war, gab es immer
mehr als genug für alle.

Die „Colour-Freundinnen" machen uns vor, wie eine christ-
liche Frauenbewegung im 21. Jahrhundert aussehen kann: voller
Kreativität, Farbe und Freude, voll Weisheit aus dem Glauben für
den Alltag. „Nebenbei" entschieden sich knapp 200 Menschen
für ein Leben mit Jesus.

„Es ist erstaunlich, wie die menschliche Seele erwacht, wenn
an sie geglaubt wird", heißt es in der Konferenzbroschüre. Der
Ansporn, etwas in der Welt zu verändern, ergab sich wie von
selbst aus den zwei Tagen Himmel-auf-Erden. Wir haben einen
Auftrag als Töchter des himmlischen Königs: Die Orientierung
zum Nächsten, die Aufforderung, sich bei anderen Frauen unter-
zuhaken, einander zu ergänzen, anzuleiten und zu inspirieren,
und im Glauben für unsere Völker einzustehen. Unser Auftrag
als Prinzessinnen ist, das Reich unseres Vaters zu bauen; egal,
ob sich die Menschen in der Gemeinde, der Nachbarschaft, im
Supermarkt, auf der Arbeit oder am anderen Ende der Welt befin-
den. Jede Frau Gottes hat etwas Kostbares zu geben: sich selbst!
Infos unter www.hillsong.co.uk

Liebe Prinzessin, das zeigt mir, wie christliche Arbeit mit
Frauen aussehen könnte. In diesem Artikel steht eigentlich alles drin, was ich mir als Bestandteil einer solchen
Kultur der Wertschätzung wünsche. Dabei geht es nicht
darum, in jeder Stadt auch so eine Konferenz zu veranstalten. Aber vielleicht gibt es einzelne Ideen, die wir als
Anregung aufgreifen, um vor Ort attraktive Angebote
für Frauen zu gestalten.

Vielleicht verändert sich dein Blick und du findest, welche deiner Schätze, Talente und potenziellen Rohdiamanten, wenn schon „gar nix Besonderes", dann wenigstens ausbaufähig sind.

„Wie, Schätze? Ich weiß gar nicht, wie sie aussehen", sagst du jetzt vielleicht.

Ich sage: „Jede Frau Gottes hat etwas Kostbares zu geben: sich selbst!"

Wenn du dem Feind nicht länger die Arbeit abnehmen willst, dich um die Fülle deines Lebens in Christus zu betrügen, wird es Zeit, dass du dich entscheidest, Prinzessin. Auf wessen Seite stehst du? Die Entscheidung kann dir niemand abnehmen. Aber ich schlage vor, dass du deine Partei ergreifst. Gott glaubt an dich. Wem willst du glauben?

Die lauten Stimmen deiner Freundinnen werden vielleicht nicht zu dir durchdringen, um dich anzufeuern, wenn du selbst gar nicht glaubst, dass du es wert bist! Wie sollen sie dir Mut machen, deine Möglichkeiten und deine Träume zu verwirklichen, wenn du selbst sie gar nicht kennst oder selbst nicht als wertvoll empfindest? Am besten machst du dich also zunächst einmal selbst auf die Entdeckungsreise.

11.
STEH AUF, MEINE SCHÖNE!

1. Aus dem Versteck kommen

*I*ch erinnere noch einmal an ein paar Zeilen aus dem Hohelied, die wir vorne gelesen haben:

Steh auf, meine Freundin, meine Schöne, und komm!
Die Regenzeit liegt hinter uns, der Winter ist vorbei!
Steh auf, meine Freundin, meine Schöne, und komm!
Versteck dich nicht wie eine Taube im Felsspalt!
Zeig mir dein schönes Gesicht
und lass mich deine wunderschöne Stimme hören!
(Hohelied 2,10-11+13-14 in Auszügen)

Na, meine liebe Prinzessin – wie geht es dir, wenn du diese Zeilen liest? Gut? Berühren sie auch in dir ganz tief da drinnen eine Sehnsucht, erkannt und beim Namen gerufen zu werden? Kannst du es glauben, dass du schön bist, in seinen Augen? Kannst du annehmen, dass es dir gilt, wenn Gott „meine Freundin, meine Schöne" zu dir sagt? Dir ganz persönlich – genauso, wie du gerade bist? Du musst nichts dafür tun – die ganze Liebe und Aufmerksamkeit unseres Gottes gilt dir. Du brauchst dich keinen Millimeter aus deinem Sitz zu bewegen, du brauchst den Bauch nicht einzuziehen, nicht die Lippen zu spitzen und die Augenbrauen zusammenzuziehen für ein kluges Gesicht. Egal wo du bist und was du gerade tust. Egal, ob du heute deine Bibel gelesen und „richtig" gebetet hast oder nicht.

Dein Geist, dein Körper und deine Seele – deine ganze Person ist einfach schön. Du bist mehr als „in Ordnung". Du bist nicht bloß „ganz nett". Sondern kostbar. Geliebt. „Ja, aber …" Kein „aber"! Kein „wenn" und „erst dann". Es gilt! Wie einfach und gerade ist die Wahrheit.

Glaubst du es, Prinzessin? Oder bist du auch wie die Frau im Hohelied, die sich versteckt „wie eine Taube im Felsspalt"? Muss man dich zweimal herausrufen, wie der Geliebte es tut? „Steh auf, meine Freundin, meine Schöne, und komm!"

Unsichtbare Verstecke

Es gibt einen Teil in mir, der sich lange, lange nicht zu erkennen gegeben und darum quasi versteckt gehalten hat. Nicht, dass ich mich im Haus eingeschlossen und den Kontakt zur Außenwelt vermieden habe (obwohl, es gab Zeiten, na ja …). Ich habe andere Menschen nicht bewusst belogen oder hintergangen. Aber ich habe mich unzählige Male einfach selbst nicht gefragt, was ich in einem bestimmten Moment wirklich will. Was ich wirklich denke, dazu habe ich nicht gestanden. Wie ich etwas am liebsten hätte, habe ich nicht ausgesprochen.

Wenn mich etwas verletzt hat, habe ich weitergelächelt. Wenn ich unglücklich, neidisch, verunsichert oder auf jemanden sauer war, habe ich es weggedrückt, noch bevor es mir selbst so richtig bewusst werden konnte. Meine eigentliche Meinung habe ich nicht vertreten, nicht die ganze Wahrheit gesagt, die unangenehmen Seiten nicht offen zugegeben. Versteckt. Warum? Aus Angst, abgelehnt zu werden, nicht gewollt zu sein, nicht dazuzugehören, zu „anders" und, bei Tageslicht besehen, nicht akzeptabel zu sein.

Dieses Versteckspiel hat viele Gesichter: Nicht Nein sagen wollen, bloß nicht auffallen, sich anpassen, verbiegen, verleugnen, schweigen, heimliche Angewohnheiten entwickeln, Spuren vertuschen, mit Masken leben, Rollen spielen, sich künstlich in den Vordergrund bringen, sich Anerkennung verdienen – und permanent sichern müssen, um (fast) jeden Preis. So ist Leben wenig lebenswert. Es ist auf Dauer ungeheuer anstrengend und unbefriedigend.

Irgendwann habe ich gemerkt: Das ist nicht nur bei mir so. Viele Frauen haben sich ihr Leben lang auf diese Art und Weise nicht getraut, sie selbst zu sein. Viele Frauen leben versteckt.

Verrat

Das Schlimme an diesem Lebensstil ist, dass er von außen nicht so ohne Weiteres identifizierbar ist. Und die sich daran gewöhnt haben, in ihrem Leben nur als „Reaktion" auf ihre Umwelt vorzukommen, nehmen selbst irgendwann den Unterschied nicht mehr wahr. Das bedeutet: Viele Frauen wissen gar nicht, wer sie eigentlich sind.

Aber weil so ein Versteckspiel von außen oftmals so kompetent, sozial wünschenswert und pflegeleicht daherkommt, entsteht eigentlich nie der Verdacht, dass hier etwas faul ist. *Eigentlich* läuft doch alles so gut! Warum also etwas ändern? Abgesehen davon, dass sich eine unterschwellige Unaufrichtigkeit auf alle Beziehungen auswirkt und es echte Liebe und Freundschaft beeinträchtigt (oder verhindert), wenn ein Mensch nicht authentisch lebt – der Verrat ist ein noch gravierenderer: Diese Person begeht Verrat an sich selbst.

Bei mir hat sich das Verstecken über lange Jahre scheinbar gut bewährt. Ich war damit relativ erfolgreich, beliebt, gern gesehen bei den Leuten, die ich beeindrucken wollte, und wer mir zu nahe – und möglicherweise auf die „Schliche" – kommen konnte, wurde auf Abstand gehalten. Mit dem Erfolg, dass ich äußerlich weit kam, aber innerlich einsam blieb. Und das als Dauerzustand. Das ist doch kein Zustand, oder?

Leider vermute ich, dass dieses Versteckt-Leben – mal mehr, mal weniger grundsätzlich – eher die Regel als die Ausnahme ist. Viele Frauen haben sich an Weggabelungen und Meilensteinen ihrer Biografie nicht herausgetraut, ans Licht, unter die kritischen Augen ihrer Umwelt, an die Öffentlichkeit … Mit ihren Gedanken, mit ungewöhnlichen Ideen oder Berufswünschen, mit Unwohlsein in „kleinen" Situationen oder mit dem, was sie *wirklich* gern mit ihrem Leben anfangen würden – aus Angst, dass es nicht gut ankommt, dass es ja doch nicht geht.

Oder schlimmer noch: dass es ja klappen könnte! Das größte Problem ist vielleicht gar nicht, etwas nicht zu schaffen, was wir uns gewünscht haben. Viel mehr Angst macht es manchmal, dass wir es schaffen könnten! Lieber vermuten wir, dass wir mit unseren kühnsten Träumen überfordert wären und uns zu viel zutrauen, als dass wir glauben: Was wir uns insgeheim wünschen, sei vielleicht erst der Anfang von dem, was Gott durch uns verwirklichen möchte.

Für mich brachte das Hineinwachsen in mein Leben mit Christus langsam, aber sicher eine ganz neue, ungeahnte Freiheit. Den Ausschlag gab die bedingungslose Annahme und Liebe Gottes zu mir, die im Kreuz ihren ultimativen Ausdruck findet. Je mehr ich mich davon berühren ließ, desto realer wurden Gnade und Erlösung, wurde das überfließende Leben, von dem die Bibel spricht. Das gilt wirklich – für mich! Gott interessiert sich für mich! Was mich beschäftigt, ist ihm nicht zu unbedeutend. Er hilft mir tatsächlich, stellte ich staunend fest.

Immer öfter ging ich mit meinen Anliegen, Schwächen und Wünschen zu Gott und bat ihn einfach, einzugreifen, mich zu verändern und mir Kraft zu geben. Mit seiner Hilfe begann ich Dinge anzugehen, die mir wichtig waren. Unsicherheit, Angst und Scham verschwanden allmählich, Stück für Stück, wie eine dunkle Wolke vor dem Sonnenball. Ich erlebte, wie sich in mir selbst und an meinen Umständen wirklich etwas veränderte. Und sah, wie ich immer mehr das Leben führen durfte, nach dem ich mich sehnte. Das war die Bestätigung für einen Verdacht, den ich noch nie vorher so formuliert hatte, die Berechtigung zu einer vagen Hoffnung, ein amtliches „Vielleicht", wie der Schimmer der Morgensonne am Horizont …

Wenn euer Glaube nur so groß wäre wie ein Senfkorn, könntet ihr zu diesem Berg sagen: Rücke von hier dorthin!, und es würde geschehen. Nichts wäre euch unmöglich! (Matthäus 17,20) Das verspricht Jesus denen, die im Vertrauen auf ihn losgehen.

Was, wenn die berechtigte Hoffnung besteht, dass unsere eigenen innersten Träume wahr werden können? Wenn wahr ist, dass wir das Salz und Licht der Welt sind und Gott unser Licht „unter dem Scheffel" hervorholen und für andere sichtbar werden lassen will (vgl. Matthäus 5,13-16)? Wenn es in seinem Interesse ist, dass du dich nicht länger zurücknimmst, sondern mutig und kühn zu dem stehst, was in dir ist? Weil du nämlich stark bist, auch wenn du dich nicht so fühlst. Weil es andere befreit, wenn du dir deine Freiheit nimmst. Und es andere beflügelt, wenn Gott dir gestattet, deine Flügel auszubreiten. Wow … stell dir das doch einmal vor! Nur zum Spaß: Was würdest du tun, wenn du davon ausgehst, dass du *wirklich* hinreißend, talentiert und fabelhaft bist? Wenn du alles sein und tun darfst, was du eigentlich immer schon gerne wolltest?

Wünsche-Sammlung

Ich wollte immer schon gerne einmal …

Wenn ich alles Geld der Welt hätte, würde ich…

Wenn ich alle Zeit der Welt hätte, würde ich am liebsten …

Wenn es mir egal wäre, was andere denken,
würde ich gern mal …

Ohne realistisch sein zu müssen, kann ich mir
vorstellen, dass ich …

Bevor ich dafür zu alt bin, möchte ich unbedingt …

Ich möchte dich anregen, Prinzessin, dir eine persönliche Wünsche-Sammlung anzulegen, dir ein einfaches Schulheft, ein nettes Büchlein oder einen Schuhkarton anzuschaffen. Wie sammelt man? Je nach Vorliebe: Zeitschriftenbilder ausreißen, Zitate sammeln, Gebete notieren, persönlich bedeutsame Filme, Bücher, Bibelstellen sammeln, kurz dazuschreiben, was an ihnen gefällt, erinnert, schön, begeisternd, ähnlich wie … ist. Lose Blätter, kurze Notizen, ordentlich geklebte Seiten, alles ist möglich.

Meine Welt

Lieblingsdinge
(Geruch, Farbe, Jahreszeit, Tier, Musik usw.)

Was ich gut kann, worin andere sagen, dass ich gut bin.
Was mir am meisten Spaß macht,
wobei ich die Zeit vergesse …

Was ich nicht ausstehen kann …

Wenn ich einen Preis verliehen bekäme, hätte ich gern …

Wen ich am meisten bewundere …?

Wenn ich könnte, womit ich anderen gern helfen würde …

Was andere sagen, womit ich ihnen helfe

Was mich am meisten motiviert, sind (3 Dinge) …

Mein Herz bewegt am meisten, wenn …

Wenn ich die Welt verändern könnte, würde ich
(3 Dinge) …

Wenn ich mein Leben noch mal von vorn anfangen
könnte, würde ich …

Wenn ich später auf mein Leben zurückblicke,
möchte ich sagen, dass …

Es war einmal eine Prinzessin ...

... die saß in ihrem Königssessel und schlief. Auf ihrem Haupt hatte sie eine Krone, am Leib trug sie ein herrliches Gewand und in ihrer Hand ein kostbares Schwert. Sie war wundervoll gemacht und durch und durch schön. Aber sie schlief und wusste nichts davon.

Eines Tages kam der Herr der Heerscharen, sein Name war Jesus von Nazareth. Er beugte sich ganz vorsichtig über sie und küsste sie. Als sie nun erwachte, schaute sie in seine Augen und erkannte, wer sie immer schon gewesen war: Die Tochter eines allmächtigen, gütigen Königs, die Braut eines leidenschaftlichen, geliebten Sohnes und die Verbündete eines allwissenden und allgegenwärtigen Helfers. So stand sie auf und begann ein neues Leben. Sie lernte den König kennen und lieben. Mit seiner Hilfe erkundete sie das Königreich und lernte, worin ihre Privilegien und ihre Aufgaben bestanden. Sie lernte ihre Feinde kennen und besiegen. Und wenn sie nicht verschlafen hat, regiert sie noch in Herrlichkeit.

2. Wage zu träumen!

Liebe Prinzessin, ungelebtes Leben, unerreichte Träume, ungeförderte Talente ... Was wäre, wenn Gott dich dabei unterstützen möchte, sie zutage zu fördern? Kannst du dir vorstellen, dass es möglich ist, eine Sache, die du dir einmal sehr gewünscht, aber mittlerweile längst abgeschrieben hast, zu neuem Leben zu erwecken?

Wärst du bereit ...

Es erfordert großen Mut, etwas zu tun, was man noch nie gemacht hat. Was wäre, wenn andere missverstehen oder kritisieren und niedermachen könnten, was du getan hast oder tun willst, Prinzessin? Wenn sie es – oder dich – vielleicht auch einfach nur nicht gut finden? Vielleicht reicht das ja bei dir auch schon aus, dich zu verunsichern? Etwas zu wagen, womit man auf die Nase fallen kann – etwas zu wollen, das schiefgehen kann – etwas zu träumen, womit man sich lächerlich machen kann? Hilfe! Das erfordert Mut. Trost. Beistand ...

„Dann werde ich den Vater bitten, dass er euch an meiner Stelle einen Helfer gibt, der für immer bei euch bleibt" (Johannes 14,16). Diese Worte gab Jesus vor seinem Tod seinen Jüngern mit auf einen Weg, der es in sich haben würde. Aber hat er sie gebeten, sich zurückzuhalten? Lieber den Weg des geringsten Widerstandes zu gehen? Auf Nummer sicher zu leben? Nein. Er hat ihnen den Heiligen Geist angekündigt, den Helfer, um Dinge anzugehen, die ihre eigene, menschliche Kapazität bei Weitem übersteigen würden.

Wärst du bereit, dich weiter hinauszuwagen, als du je gegangen bist oder aus eigener Kraft gehen könntest? Wärst du bereit?

Manchmal glaube ich, dass der Mut, den ich in meinem Leben hatte, auch das Resultat einer gewissen Fantasielosigkeit war. Ich habe mir nicht ausgemalt, was schiefgehen könnte. Ich habe an Petrus gedacht, der auf ein Wort von Jesus hin aus dem Boot stieg und auf dem Wasser ging. So lange, bis er den Blick von Jesus genommen und nach unten aufs dunkle Wasser gesehen hat (keine gute Idee).

So gesehen ist Glauben noch einfach, oder? Schlichtes, echtes Vertrauen auf Gottes Handeln in meinem Tag. Manchmal muss ich da aber erst mal sortieren. Denn nicht immer ist mir gleich klar: Habe ich ein Geheiß, ein persönliches Wort von Gott, um „auf dem Wasser" zu gehen? Oder mache ich mein Ding in eigener Regie? Bin ich draufgängerisch und erpresse praktisch Gott, mich bei meinen waghalsigen Unternehmungen aufzufangen? Oder gehe ich gehorsam Schritte in dem Glauben, dass es *wirklich* Jesus war, der mich dazu aufgefordert hat? Petrus war draufgängerisch und kam von sich aus auf die glorreiche Idee, aufs Wasser zu gehen. Und er bekam daraufhin eine persönliche, ausgesprochene Einladung Jesu, Teil eines Wunders zu werden.

Lesen wir im Matthäusevangelium, Kapitel 14 ab Vers 23 bis 33 nach: „Das Boot war noch weit draußen, da brach ein schwerer Sturm los. Die Jünger konnten kaum noch steuern. In den frühen Morgenstunden kam Jesus auf dem Wasser zu ihnen. Als die Jünger ihn sahen, schrien sie vor Entsetzen, denn sie hielten ihn für ein Gespenst. Aber Jesus sprach sie sofort an: ‚Habt keine Angst! Ich bin es doch, fürchtet euch nicht!' Da rief Petrus: ‚Herr, wenn du es wirklich bist, lass mich auf dem Wasser zu dir kommen.' ‚Komm her!', antwortete Jesus.

Petrus stieg aus dem Boot und ging Jesus auf dem Wasser entgegen. Als Petrus aber die hohen Wellen sah, erschrak er, und im selben Augenblick begann er zu sinken. ‚Herr, hilf mir!', schrie er. Jesus streckte ihm die Hand entgegen, ergriff ihn und sagte: ‚Hast du so wenig Glauben, Petrus? Vertrau mir doch!' Sie stiegen ins Boot, und der Sturm legte sich [ach nee]. Da fielen sie alle vor Jesus nieder und riefen: ‚Du bist wirklich der Sohn Gottes!'"

Die Wahrheit ist: Viele wünschen sich, ein Wunder in ihrem Leben zu erleben, aber wenige möchten sich in einer Situation wiederfinden, in der sie ein Wunder brauchen. Die Jünger waren in Schwierigkeiten und hatten Jesus im ersten Moment nicht als ihren Retter erkannt – hatten also das Eingreifen Gottes zunächst nicht wahrgenommen. Dann aber wurde klar, dass sich Gott wieder einmal aufgemacht hatte, ihnen zu Hilfe zu kommen (nämlich sie vor dem Kentern ihres Bootes im Sturm zu bewahren). Treu und wirklich zuverlässig, oder? Diese erneute Treue Gottes könnte Petrus angespornt haben, Jesus auch in größerem Maße zu vertrauen.

Auf dem stürmischen See zu gehen, ist schon eindeutig eine Klasse Wunder für sich. Also, wenn er es kann, kann ich es auch – wenn Jesus mir hilft. So logisch hat Petrus 1 + 1 addiert, aber davor die eine Bedingung gesetzt: „Herr, wenn du es wirklich bist …" Gut gewettet! Allerdings, wenn ich es mir mal konkret vor Augen stelle: Ein Risiko blieb. Hätte Petrus auf ein Gespenst hereinfallen können? Konnte er sich die Antwort Jesu nicht auch eingebildet haben? Oder dessen Worte schlicht und einfach missverstanden haben? Immerhin war die Lage angespannt, sicher war es höllisch laut und windig, waren viele Emotionen im Spiel. So konnte Petrus sich nicht 100-prozentig sicher sein, die Antwort von der richtigen Quelle erhalten und richtig verstanden zu haben. Glauben bedeutet eben zu vertrauen, auch wenn man nicht 100-prozentig weiß, ob man sich nicht täuscht – und trotzdem loszugehen. Petrus musste aus dem Boot herausklettern und „volles Risiko" auf das Wasser hinaustreten, womit er sich vermutlich in echte Gefahr brachte. Und erst draußen, körperlich, seelisch, geistlich auf offener See, erfuhr er, dass es wirklich der Herr gewesen war, den er gehört hatte.

Hilfe! – Glauben geht nicht im Trockenkurs

Der Sturm legte sich erst, als die Sache ausgestanden war. Woraus ich mal lakonisch schließe, dass Gott uns nicht dauerhaft in irgendeiner Bredouille haben möchte, uns aber ab und zu auch gerne darin bleiben lässt. Denn wo lernen wir jemanden besser kennen als in Momenten, wo wir einfach mit Haut und Haaren auf ihn angewiesen sind? Wir lernen zu glauben, wo wir ausgeliefert sind. Und je mehr ich glauben kann, umso größer wird auch meine Bereitschaft, mich im Glauben an Gott auszuliefern. Insofern – hart, aber herzlich und nichts Neues – tut ein existenzieller oder seelischer oder finanzieller Engpass dem Glaubensleben gut.

Deshalb möchte ich dir Mut machen, angesichts von Ungewissheit und Schwierigkeiten nicht zu kapitulieren. Wage dich hinaus aufs Wasser, Prinzessin! Wenn du angefangen hast zu träumen, dann bleib nicht bei den Grenzen stehen, die dir deine bisherigen Erfahrungen, dein Umfeld oder deine Finanzen vielleicht gesteckt haben. Diese Grenzen müssen nicht das Ende deines Horizonts bleiben. Das dir „Menschenmögliche" ist längst nicht das Ende des Regenbogens, Prinzessin. Und wenn du in einer konkreten Situation deines Alltags vielleicht auch am Ende bist mit deinem Latein, ist es Gott noch lange nicht. Geh das Wagnis ein zu glauben, dass etwas, was du dir für dein Leben vorstellen kannst, tatsächlich möglich ist. Willst du weiter hinaus, als du je gegangen bist? Für einen erweiterten Lebens- und Erfahrungsspielraum sind Glaubensschritte unvermeidbar.

Gott weiß, dass wir Hilfe brauchen, um über uns selbst hinauszuwachsen. Geistlich wie physisch gesehen entstehen doch Durchbrüche dort, wo vorher etwas verschlossen, gefangen, ein- oder abgesperrt war. Und es bedarf einer gesammelten Anstrengung, einer äußerlichen oder innerlichen Kraftwirkung, um alte Grenzen zu sprengen. Manchmal reicht auch eine neuartige Haltung oder Handlung, eine neue Gewohnheit, manchmal auch bloß eine einzige neue Information, um die vorige Grenze zu überwinden ... Auch wenn wir selbst etwas noch nie gesehen oder erlebt haben, bringt uns der Glaube, dass es das geben, dass es möglich sein *könnte*, schon mit einem Bein aufs Wasser! Um zu neuen Ufern zu gelangen, brauchen wir Glauben. Wir brauchen himmlischen Beistand.

Ein himmlischer Helfer

Gott will uns nicht hängenlassen: „Dann werde ich den Vater bitten, dass er euch an meiner Stelle einen Helfer gibt, der für immer bei euch bleibt" (Johannes 14,16). Diese Worte gab Jesus vor seinem Tod den Jüngern mit auf einen Weg, der es in sich haben würde. Aber hat er sie gebeten, sich zurückzuhalten? Lieber den Weg des geringsten Widerstandes zu gehen? Auf Nummer sicher zu gehen? Nein. Er kündigte ihnen den Heiligen Geist an, den Helfer, um Dinge anzugehen, die ihre eigene menschliche Kapazität bei Weitem übersteigen würden. Kannst du dir vorstellen, dass der Heilige Geist dir beisteht, kühne Träume zu verwirklichen?

Wenn man jemanden auf der Straße fragt, ob er den Ausdruck „Im Namen des Vaters, des Sohnes und des Heiligen Geistes" schon mal gehört habe, bekreuzigt er sich vielleicht. Wer der Vater ist, weiß die befragte Person möglicherweise. Und auch der Sohn, Jesus Christus, ist im westlichen Europa noch vielen bekannt. Zum Heiligen Geist wird man ein Schulterzucken ernten. Oder kuriose geistliche Mutmaßungen, die vielleicht mehr von „Harry Potter" als etwas Biblischem geprägt sind. Ich bin zum Beispiel in einer evangelischen Landeskirche konfirmiert worden, hätte aber keinen theologischen Reim auf die Vater-Sohn-Heiliger-Geist-Frage auf Lager gehabt. So ist der Heilige Geist in der Regel gewissermaßen die bei uns unterbelichtete Seite Gottes.

Der Heilige Geist wird im Neuen Testament auch „Helfer" genannt oder „der Herbeigerufene, der einem anderen beistehen soll", „der Anwalt", „der Fürsprecher", der Tröster". Der Heilige Geist hat eine dienende, dem Vater und dem Sohn gewissermaßen untergeordnete Aufgabe: Er soll die Jünger an alles erinnern, was Jesus sie gelehrt hat: „… er redet nicht in seinem eigenen Auftrag, sondern wird nur das sagen, was er gehört hat … So wird er meine Herrlichkeit sichtbar machen; denn alles, was er euch zeigt, kommt von mir" (Johannes 16,13-14). Der Heilige Geist, wie Jesus ihn hier ankündigt, soll seinen Freunden kommunikativ und emotional zu Hilfe kommen. Er wird sie unterstützen und über den bevorstehenden Verlust ihres Meisters und Freundes hinwegtrösten. Er soll sie an Jesus Christus erinnern. Der Heilige Geist soll Dinge in Jesu Auftrag aufzeigen und Botschaften von ihm bringen wie ein guter Briefträger. Der Job des Heiligen Geistes ist: Sprachrohr, Souffleuse, Übersetzer, Wegweiser, der mehr oder weniger unauffällige Mittler.

Das hat er inzwischen über Jahrhunderte und alle Kontinente hinweg getan. Überall hat er das eine Evangelium, die *eine* Wahrheit, die eine Botschaft weitergetragen und dafür gesorgt, dass sie verstanden wurde! Denn auf diese Weise existiert die Gute Nachricht in zig verschiedenen Sprachen. Es wird in grundverschiedenen Kulturen, zu verschiedensten Epochen und in ganz unterschiedlichen sozialen Schichten verstanden. Der Heilige Geist hat gewissermaßen die Botschaft Christi, „den Weg, die Wahrheit und das Leben" über menschlich kaum vorstellbare Verschiedenheiten hinweg mit Erfolg kommuniziert. Wo sich kulturell, sprachlich und sozial doch so einiges getan hat, von Jerusalem, Judäa und Samarien bis Berlin, Brandenburg, Bangkok und Kasachstan … Hammer-Job.

In dem Film „Himmel über Berlin" von Wim Wenders sehen wir ein typisches Berliner Mietshaus aus der Perspektive eines Engels. Wir schweben von Wohnung zu Wohnung und können dabei die Gedanken der jeweiligen Personen hören. Hier sorgt sich jemand, da fragt sich jemand, dort sieht ein anderer fern und denkt nicht viel. So leben im selben Haus zur selben Zeit lauter unterschiedliche Menschen. Jeder und jede mit ihrer unverwechselbaren Persönlichkeit und alle in unterschiedlichen Verfassungen, Stimmungen, unterschiedlicher Tagesform. Jeder in seiner oder ihrer individuellen Lebenssituation. Lauter geliebte Menschenkinder. Lauter komplexe Biografien.

Wenn das Überspringen von Jahrhunderten und Kontinenten schon eine echte Meisterleistung des Heiligen

Geistes ist – wie unendlich viel bedeutet es, dass der Geist Gottes fähig ist, die Feinmechanik des einzelnen menschlichen Herzens zu durchdringen und den Menschen genau da abzuholen, wo er gerade steht. Den einen auf die Weise anzusprechen und den anderen auf eine völlig andere. Genau den Ton zu treffen, mit genau dem speziellen Wort zur genau richtigen Zeit zu einem Menschen durchzudringen ... Welch ein Feingefühl, wie viel Einfühlungsvermögen und Verständnis ist dazu nötig! Gott bringt milliardenfach dem Einzelnen so viel Respekt und Liebe entgegen, dass es mein gedankliches Fassungsvermögen übersteigt.

Sieh, wer dein Verbündeter ist!

Es ist ganz einfach und doch so spektakulär, dass es sich in aller Ruhe setzen muss:

Wir haben Gott auf unserer Seite. Gott ist uns zu Hilfe gekommen und leistet uns Beistand. Derselbe Heilige Geist, der sich um die Ausbreitung des Evangeliums auf der ganzen Welt kümmert, ist auch unser persönlicher Helfer. Nicht nur zum Bibellesen, aber auch (da springt mir zum Beispiel ein altbekannter Vers mit ungeahnter Bedeutung für meine aktuelle Bredouille ins Auge). Nicht nur, um die Liebe Jesu und seinen Willen für unser Leben besser zu verstehen, aber auch genau dazu. (Wieso, bitte, soll ich Martin schon wieder entgegenkommen, obwohl er mich letztes Mal stehengelassen hat? Weil Jesus zum Beispiel in Matthäus 5,41 sagt: „... wenn einer von dir verlangt, eine Meile mit ihm zu gehen, dann geh zwei Meilen mit ihm".)

Die Bibel macht es uns recht einfach, wenn es um die Beziehung zum Heiligen Geist geht: Jeder Mensch, der zu dem Glauben kommt, dass Jesus Christus der Sohn Gottes ist, erhält in dem Moment, wo er dies für sich ergreift, den Heiligen Geist (Epheser 1,13). In der Apostelgeschichte erfüllte der Heilige Geist diverse Menschen, nachdem sie zum Glauben an Christus kamen. Das machte sich bemerkbar, während sie einer Predigt zuhörten, oder als sie getauft wurden, oder nachdem ihnen jemand die Hände aufgelegt und für sie gebetet hatte.

In meinem früheren Glaubensleben habe ich die Kontroversen, die es um den Heiligen Geist gibt, nicht mitbekommen. So bin ich ganz unbefangen mit der Bitte zu Gott gegangen, wenn es denn sein Wille sei, dass ich gerne mit dem Heiligen Geist erfüllt werden würde. Mein Gebet wurde sofort erhört, und ich habe bereits an jenem Tag einen Unterschied wahrgenommen, was meine persönliche Nähe in der Beziehung zu Gott und meine allgemeine Lebensfreude betraf. Seitdem ist der Heilige Geist ein Begleiter im täglichen Leben, den ich mit der Zeit immer besser kennenlerne.

Bei der Unterstützung mit dem Heiligen Geist geht es aber nicht immer um hohe, moralisch wertvolle Themen. Auch in praktischen Kleinigkeiten und in scheinbar unwichtigen Alltagsdingen finden sich die Spuren, die der „himmlische Helfer" hinterlässt.

Es gab ganz banale Situationen, wo ich plötzlich einen Gedanken im Kopf hatte, der mich nicht mehr losließ, wie ein sanftes Zupfen am Ärmel, sozusagen, und der sich nachträglich als „Geistesblitz" erwies: Wir hatten mit Freunden eine längere Tour mit dem Auto geplant. Beim Packen kam in mir der Impuls: „Nimm eine zweite Sonnenbrille mit." Ich verwarf den Gedanken wieder, weil er mir unlogisch erschien. Hatte ich doch mit empfindlichen Augen stets meine Sonnenbrille in der Handtasche. Tja, Pech gehabt! Wie sich herausstellte, hatte die Fahrerin ihre Sonnenbrille vergessen, und ausgerechnet an diesem Tag brannte die Sonne so, dass sie kaum ihre Augen auf der Autobahn halten konnte. Und natürlich hatte ich die einzige Sonnenbrille an Bord! Wäre ich doch lieber nicht dem gefolgt, was der „gesunde Menschenverstand" mir gesagt hatte …

Ob es bei einer Prüfung, in der Wahl des neuen Wohnortes, dem Abwägen eines Kaufvertrages oder eines überfälligen Versöhnungsgesprächs ist: Wir haben einen Beistand, der sich um uns kümmert, uns sanft – oder mit Nachdruck – Mut macht, ermahnt und dazu befähigt, Dinge anzugehen, die wir uns selbst und von allein niemals zutrauen würden. Wir sind mit unserem Potenzial, mit all den unentdeckten Schätzen, die in uns stecken, nicht allein.

Abhängig und deshalb glücklich

Jemand hat einmal gesagt, dass Gott uns Lebensvisionen gern eine Nummer zu groß schenkt, damit er noch mit hineinpasst. Ich habe in meinem Leben öfters festgestellt, dass dem wirklich so ist.

So war mir beispielsweise bei einer früheren Arbeitsstelle sofort klar, dass ich sie allein auf meinem bisherigen beruflichen Hintergrund eigentlich nicht bewältigen konnte. Ich hatte den Job aber bekommen. Und es war weit und breit meine einzige Chance, Geld zu verdienen. Deshalb entschied ich mich, in dieses neue Feld einzusteigen. Täglich fuhr ich betend zur Arbeit. Innerlich betend holte ich mir meinen Kaffee, betend ging ich aufs Örtchen, betend saß ich in Besprechungen. Und bin so buchstäblich im Vertrauen auf Gottes Führung und Leitung über mich hinaus- und in die mir gestellte Aufgabe hineingewachsen. Bis mein Chef mich gar nicht mehr gehen lassen wollte, als ich einen Traumjob woanders angeboten bekam.

Dort gelandet, rate mal, wer sich wieder jeden Morgen betend aufs Fahrrad schwang?

Ich machte weiterhin Erfahrungen, auch in anderen Lebensbereichen, bei denen ich äußeren Widrigkeiten zum Trotz Dinge tat, bei denen ich mich auf Gottes Hilfe und Versorgung verlassen musste. Und ich lernte dabei, was es praktisch heißt, mehr auf Gott zu schauen als auf meine Umstände. So bekam ich Übung darin, unbequeme oder scheinbar unvernünftige Entscheidungen zu treffen, weil ich ganz persönlich den Eindruck hatte, dass sie richtig – und gottgewollt – seien. Zum Beispiel: Ehrenamtlich frieren statt Kino? Schulden abbezahlen und trotzdem Spenden? Spitzenjob für ein halbes Jahr Missionsstation in Afrika aufgeben? Trotz Halbtagsgehalt eine größere Wohnung nehmen (mit Platz für Hausgruppe und zum Schreiben)? Nur wegen der Hillsong-Gemeinde nach London ziehen? Diesen Sprung wagen ohne festen Job und Wohnung? Im Glauben kündigen, auflösen und alles verschenken?

Die darauf folgenden Erfahrungen verliefen durchweg segens- und erfolgreich nach diesem Glaubensmuster ab: Gott lässt zu, dass ich auf ihn angewiesen bin. Nicht, um mich kleinzuhalten, ganz im Gegenteil: Gottvertrauen lässt mich große Sprünge tun und weit schauen. In entscheidenden Momenten hatte ich den Eindruck, als fragte Gott: „Vertraust du mir immer noch?" Und nie habe ich es bereut, wenn meine Antwort dann lautete: „Ja. Ich vertraue dir." Denn so ungeliebt Abhängigkeit im Allgemeinen ist, so entscheidend und befreiend ist sie im Verhältnis zu Gott. Es ist einer dieser vielen scheinbaren Gegensätze, die mir in der Beziehung zu Gott begegnen. Und doch ist es so einfach und logisch: Wo wir aus unseren Möglichkeiten nicht weiterkönnen, greift uns Gott unter die Arme. Sind wir am Ende, handelt er. Nicht erst dann. Nicht nur in Ausnahmezuständen und nicht bloß da, wo wir aushalten und tief durchatmen müssen. Aber hinterher gibt es keinen Zweifel daran, wem wir die gute Wendung zu verdanken haben. So werde ich immer mehr abhängig von Gott und deshalb glücklich.

WENN FRAUEN SICHTBAR WERDEN

Die Bestimmung des Heiligen Geistes, „Beistand, Gegenüber und Hilfe" zu sein, ähnelt als „Jobbeschreibung" überraschend der, die wir als Evas Töchter am Anfang der Bibel erhalten. Denn genau das soll Eva für Adam sein. Ist das Zufall? Eine zufällige Namensähnlichkeit, ohne dass wir mit ihm verschwistert oder verschwägert sind? Nein, Prinzessin! Wir reflektieren mit unserer Wesensart und Bestimmung sozusagen einen essenziellen Charakterzug unseres Schöpfers („… nach seinem Bilde schuf er sie"; 1. Mose 1,27, Lutherbibel).

Der Heilige Geist, die Frauen und der Wind

Wirken und Wesen des Geistes sind am ehesten mit dem des Windes vergleichbar. Er ist unsichtbar, und doch sieht man die Auswirkungen seiner Gegenwart unmittelbar. Er kann sanft säuseln, ganz zart und kaum merklich anwesend sein. Oder stark und kräftig wehen, mit einer Kraft, der sich niemand entziehen kann, ähnlich wie ein Sturm Bäume entwurzelt und Häuser umpustet.

Für mich scheint es ganz subjektiv gesehen da einige Parallelen zur Wesensart von Frauen zu geben: Sie können sanft säuseln, ganz zart und kaum merklich anwesend sein. Oder stark und heftig wirken, mit einer Kraft, der sich niemand in ihrer Umgebung entziehen kann! Laut und leise, mächtig und zärtlich, voller Dynamik und doch unsichtbar. Mit ungeheurer Energie und ohne jegliches Tamtam. Der Wind kann nachhaltig, stur und unabweisbar wehen, und doch kann man sich ihm ohne Weiteres entziehen, wenn man die Fenster schließt und sich in sein Haus zurückzieht. Wie eine Frau auf jemanden einredet, der nichts davon hören will. Der Wind ist selten gleich, er kann überall herkommen und wechselt mehrmals am Tag seine Richtung. Auch die Bewegungen des Heiligen Geistes im Voraus zu berechnen, erweist sich als unmöglich. Der Heilige Geist wirkt immer wieder neu, frisch und überraschend. „Es ist damit wie beim Wind: Er weht, wo er will. Du hörst ihn, aber du kannst nicht erklären, woher er kommt und wohin er geht" (Johannes 3,8).

Ähnlich kann eine Frau heute mit einer ganz anderen Stimmung erwachen als am Vortag; ihre Emotionen wechseln ihre Farbe mehrmals am Tag, was manchmal nicht mit (männlicher) Logik nachvollziehbar erscheint. Und doch haben ihre Emotionen immer einen Grund, wenn auch nicht immer eine logische Erklärung. Aber muss denn immer alles logisch sein? Vielleicht gehört ein bisschen unplanbares, nicht vorhersehbares und nicht berechenbares Element zum Leben mit Gott? Es ist doch zum Beispiel unerklärlich, welch vielfältigen und teilweise widersprüchlichen Ausprägungen die weltweite Christenheit hat, obwohl sie sich auf Jesus als ihren Herrn und die Bibel als ihre Grundlage beruft. Das macht die große Gemeinschaft der Gläubigen facettenreich und lebendig wie eine Patchwork-Decke.

Begabungen einsetzen

In ihrer Verschiedenartigkeit und Eigenart hat Gott Menschen als Mann und als Frau geschaffen, ihn zu repräsentieren: „… nach seinem Bilde schuf er sie" (1. Mose

1,27; revidierte Lutherbibel). Deine Besonderheit als Frau wird gebraucht. Hab Mut, das auch zu leben! Jede menschliche Gemeinschaft und besonders die christliche Gemeinde bieten dafür reichliche Betätigungsmöglichkeiten. Und es gibt wohl keine Ortsgemeinde, die ohne ihre weiblichen Ehrenamtlichen bestehen könnte. Viele Gemeinden haben mehr weibliche als männliche aktive Mitglieder. Frauen machen mehr als die Hälfte aller Christen aus. Wo es keine Pastorinnen gibt, haben die Ehefrauen der Pastoren sehr wohl ihre besonderen Platz und ihre Vorbildfunktion, ihre eigenen Aufgaben. Nur dass diese häufig im „Schatten" des Gemeindelebens angesiedelt sind.

Unsichtbare Heerscharen

In vielen Gemeinden werden die praktischen Aufgabenbereiche von Frauen betreut, wie die Kinderarbeit, die Seelsorge, Dekoration für Festlichkeiten, das Putzen und die kulinarische Versorgung ... Unsichtbare Heerscharen von getreuen Frauen waschen, putzen, schleppen, kochen Unmengen von Kaffee, backen Kuchen, stellen Blümchen hin, legen Einladungen, Tischkärtchen und Prospekte aus, kaufen ein und werfen weg, was so im Laufe der Sonntage, Hochzeiten und Beerdigungen, Geburts-, Fest- und Feiertage anfällt.

Unsichtbare Heerscharen von getreuen Frauen *denken* an den Geburtstag, packen kleine Päckchen, schreiben eine liebevolle Karte oder rufen an. Sie sind da, wenn die

Kleinen hingefallen sind, hören zu, wenn sich eine Seniorin beschwert, beten für den Pastor und die Gemeindeleitung, für die Stadt, die Regierung und Indien, sprechen ermunternde Worte, trocknen Tränen, vergessen das Spenden nicht, geben ihre freien Nachmittage gern für die Suppenküche auf, gehen nicht an den Bedürfnissen ihrer Nächsten vorbei.

Unsichtbare Heerscharen von getreuen Frauen lieben sanft und weise ihre Ehemänner, wägen ab, wie oft sie abends fort sind, leben ihrer Nachbarin einfach vor, was Liebe Gottes ist, haben nicht vergessen, dass die Kollegin Kopfschmerzen hatte, fragen nach, wie das Gespräch verlaufen ist, besorgen Oma ihre Lieblingszeitschriften vor der OP, hüten die Kinder der Schwägerin, kaufen eine Weile für sie ein. Und das ist gut so.

Schattendasein

Überall sind also Frauen in der lokalen Gemeinde Jesu am Werk. Sie pflegen das Haus Gottes und hegen die ihnen anvertrauten Menschen. Sie entscheiden, gestalten, verwalten und bewahren in ihrem Rahmen das, was Gott in ihrer lokalen Gemeinde tut. Sie geben vielen Stärke, Rückhalt und Rat. Und doch sind Frauen in vielen Gemeinden kaum ordinierte Pastorin oder Älteste, sind sie selten im Predigt- oder Lehrdienst freikirchlicher Gemeinden. Und ist das auch gut so?

Mal andersherum gefragt: Müssen sie das denn? Nö, nicht unbedingt. Aber sie sollten es sein können, wenn sie die Begabung und Berufung dazu verspüren, oder nicht? Es gibt genügend Leiter, die dem „geistlichen Dienst der Frau" positiv gegenüber stehen. Sie lassen Frauen auch ohne offiziellen Titel leitende Positionen übernehmen. Manche Pastoren warten geradezu darauf, das Potenzial ihrer weiblichen Mitarbeiter und Gemeindeglieder zu fördern. Und wundern sich vielleicht, dass so wenige danach streben, ausgebildet, befähigt und eingesetzt zu werden. Ist *das* auch gut so?

Wie gesagt, nicht jede Frau will überhaupt predigen, lehren, verwalten oder leiten. Und wer weiß, wie viele damit sogar unglücklich und überfordert wären? Sie sehen ihre Gaben anderswo und sind schließlich durchaus in ihrem Element, wenn sie in erster Linie für andere da sind, ihnen als Gehilfin und „Ermöglicherin" dienen und ihre Erfüllung darin finden, andere zu unterstützen.

Nach Gottes Vorbild zusammenarbeiten

Der Schlüssel liegt im Verhältnis, das Mann und Frau in der Kirche, im Reich Gottes, aber auch im häuslichen Leben haben. Da liegt der Hund begraben, der Hase im Pfeffer, die Laus, die mir über die Leber läuft, wenn ich mir ansehe, wie das Zusammenleben und -arbeiten in vielen christlichen Gemeinden abläuft. Da stimmt etwas noch nicht; ist es noch nicht so, wie es nach dem Bauplan unseres Schöpfers und Vaters sein sollte.

In der Gemeinde, zu der ich die letzten acht Jahre gehörte, war ein echter Aufbruch in der Jugend zu verzeichnen. Immer mehr Jugendliche besuchten die Samstagabend-Gottesdienste, die Jugendarbeit wuchs und wuchs und so entstand – unter anderem – der Bedarf an neuen Gruppenleitern und Freiwilligen, die sich um die neuen Mitglieder kümmerten. In diesem Rahmen durfte ich eine Gruppe von fünf wunderbaren jungen Frauen im Alter von 16-26 begleiten. Wir trafen uns wöchentlich bei mir zu Hause und sprachen anhand vorbereiteter Fragen und Bibelverse die Grundlagen des Glaubens durch. Es gab immer frisches Obst, Saft, Wasser und vielleicht ein paar Kekse, am liebsten aber gesunde Naschsachen.

Verglichen mit den Jungs, die parallel eine ebensolche Gruppe gestartet hatten, lagen wir mit dem Stoff bald recht weit zurück. Denn wir waren – wie Mädchen nun mal sind – in erster Linie damit beschäftigt, eine offene Beziehung und gegenseitiges Vertrauen aufzubauen (sprich: einander bedeutsame Erfahrungen aus unserem Leben zu erzählen). Obwohl sich die jungen Frauen zum Teil schon seit Jahren kannten, taten allein schon das Zusammensein und Klönen ihnen sichtbar gut.

Das Vertrauen wuchs, wir machten bald auch wieder rasante Fortschritte mit den inhaltlichen Einheiten und so wagten wir eines Abends eine mutige Sache, außerhalb des Programms: Wir gingen einmal die Runde durch und sagten uns gegenseitig, beziehungsweise der jungen Frau, die jeweils dran war, welche Stärken und Gaben wir in ihr sahen und was für Aufgaben wir uns für sie vorstellen konnten. Wenn jemand dabei in Stichworten mitgeschrieben hätte, wäre ungefähr so etwas dabei herausgekommen:

Frauen voller Potenzial

A.

Gute Zuhörerin, ruhig, stabil, klug, weiß viel aus der Bibel, Lehrerin, unheimlich klar, wie du die Dinge siehst, du kannst Menschen gut helfen. Seelsorge, stille Art, scharfer Verstand. Hat mich umgehauen, was du mir beim Spaziergang erzählt hast. Könnte dich vor vielen Menschen sprechen sehen. Kannst gut Durchblick geben.

B.

Es macht Spaß, mit dir zusammen zu sein. Packst an, organisierst gut. Leiterin, mutig, sagst deine ehrliche Meinung, egal, was andere denken. Festen Glauben, das steht so in der Bibel, dann ist es auch so! Bist dir für nix zu fein, Menschenliebe, passt auf die anderen auf, kameradschaftlich, mit dir würde ich durch dick & dünn gehen.

C.

Voll schön! Hübsch, Vorbild, „Frau für Frauen", ehrlich, frei, betest voll stark, leidenschaftlich, hast Ausstrahlung, warmherzig, fröhlich, voll ansteckend. Deine Predigt am Jugendabend war toll, selbstbewusst, ganz selbstverständlich gesprochen, gute Ideen, witzig, kommst gut bei Menschen an, hast was zu sagen.

D.

Tolle Stimme, strahlst die Freude Gottes aus, man sieht, wie sehr du ihn liebst. Schöne Andacht gehalten, konnte viel für mich mitnehmen, kannst gut vor Leuten reden, klar, ansprechende Art, liebevoll, viel Leidenschaft, Gabe zum Predigen, kannst die Bibel schon gut erklären, obwohl du noch nicht so lange gläubig bist, starke Frau.

E.

Viele Talente, bist super hübsch, alles um dich rum ist schön! Kochst gut, passt gut auf Leute auf, weise, gut im Beibringen, Tiefgang in deinen Gedanken, viel Selbstdisziplin. Kannst falsch von richtig unterscheiden. Kreativ, sportlich, manchmal zu streng mit dir selbst, erreichst viel, spornst andere an, ihr Bestes zu geben.

Eine Woche später tauschten wir uns darüber aus, was sich seit dieser Runde getan hatte. Ich greife mal das zu den letzten beiden Personen heraus:

Eine unerwartete neue Aufgabe

Bei der letzten Sommerfreizeit der Gemeindejugend hatte D. mit großem Erfolg eine der morgendlichen Andachten gehalten. „Eigentlich" war ihr größter Wunsch: zu predigen. Aber sie hatte darüber noch nie mit jemandem gesprochen und wäre auch nicht von allein darauf gekommen, dass sie eine echte Gabe dafür hat. Aber wenn die anderen sich das ungefragt bei ihr vorstellen konnten – vielleicht steckte ja doch mehr in ihr!

Als D. nun durch den Zuspruch der anderen in unserer kleine Frauengruppe „gestattet" wurde, sich zu diesem Traum zu stellen, war sie wie befreit. Sie bekam ganz neuen Elan, weil ihr klar war, worauf sie sich in Zukunft konzentrieren würde. Noch am selben Abend erzählte D. ihrem frischgebackenen Ehemann von den fantastischen Neuigkeiten. Beide waren auf so außergewöhnliche Weise zu Jesus gekommen, dass ein großer Teil ihres Freundeskreises sich ebenfalls für Gott zu interessieren begann, als sie ihre Geschichte erzählten, und schließlich regelmäßig eine Jugendgruppe der Gemeinde besuchte. Binnen kürzester Zeit hatte sich eine kleine Schar junger Gläubiger um sie gesammelt, um die beide sich wie ein Pastorenpaar kümmerten.

Vorher hatte D. sich bei gemeinsamen Zukunftsträu-

mereien immer ausgemalt, wie sie sich um Kinder kümmern würde, was vor ihrem beruflichen Hintergrund
auch Sinn ergab. „Kannst du mich denn predigen sehen?", fragte sie ihren Mann jetzt. Der brauchte einen
Moment, um sich mit diesem Gedanken anzufreunden,
aber doch: Er konnte! Selbst ein Naturtalent als Prediger,
war er regelrecht begeistert, diese Leidenschaft von da an
mit ihr zu teilen. Vor ihnen taten sich völlig neue Möglichkeiten auf, etwas gemeinsam zu machen.

Begeisternde Idee für neues Projekt

E., ebenfalls schon verheiratet, hatte am Abend nach dieser gemeinsamen „Was ich in dir sehe"-Runde auch ein
langes Gespräch mit ihrem Mann. Sie fühlte sich allerdings eher schlecht, weil das Feedback wieder an eine
alte Wunde gerührt hatte: Vielseitig, wie sie war, wusste
sie nicht, wo sie sich engagieren sollte. Bei den anderen
schien es so klar auf der Hand zu liegen, was ihre Stärken waren und mit welchem Aufgabenbereich sie sich
identifizieren konnten. „Was ist denn nun wirklich *mein*
Ding?", fragte sie sich. So ging sie grübelnd, frustriert
und ratlos ins Bett.

Aber irgendwie fiel – praktisch über Nacht – der
Groschen. Eines nach dem anderen kam zusammen,
sie sah auf einmal ihre vielen Interessen und Gaben in
einem neuen Zusammenhang: Bewegung, Tanz, praktische Gastfreundschaft, Kochen, Ernährungsberatung,
Deko basteln, Farb- und Stilberatung, Schminktipps

und Schmuck herstellen – mit dem gemeinsamen Nenner „Frauen" ergab das Sammelsurium Sinn! Plötzlich konnte sie sich vorstellen, die Vielzahl ihrer Talente und ihre Begabung, anderen etwas beizubringen, in Form von Workshops einzusetzen. Ein nigelnagelneuer Arbeitsbereich könnte das in der Gemeinde sein, der jungen Mädchen und Frauen etwas Konkretes beibringen würde, sie lehren würde, gut mit sich selber umzugehen. Etwas, das ihnen Selbstwertgefühl und neue Kenntnisse vermittelte. Das könnte wirklich etwas bewegen und eine reizvolle Gelegenheit bieten, interessierte Freundinnen mit in die Gemeinde zu bringen. Sie hat daraufhin begonnen, mit der Unterstützung ihres Mannes ihre Ideen in die Tat umzusetzen. Heute leistet sie mit „Princess Alive!" echte Pionierarbeit im Bereich der Fauen- und Jugendarbeit im deutschsprachigen Raum.

Serviettenfalten zur Ehre des Herrn

Liebe Prinzessin, siehst du, was ich sehe? Potenzial, das ans Licht kommt, kann sich dort entfalten. Wir brauchen deine Träume! Deine innere und äußere Schönheit! Und sieh bitte: Möglichkeiten, die zur Entfaltung kommen, gehen über dein eigenes Leben hinaus. Sie werden, wenn sie an Licht kommen, andere Menschen betreffen und haben – mit dem Rückenwind des Heiligen Geistes – immer das Potenzial, auch ihr Leben zu bereichern und zu verändern. Siehst du, dass du eine herrliche kleine Kettenreaktion auslösen kannst, wenn du den Mut hast zu träumen?

So sehe ich auch mit dem Erwachen der Prinzessinnen im Hause Gottes ganz und gar fröhlich dem Niedergang der „Schattenreiche" entgegen. Denn das, was fehlt, ist vorhanden, nur noch nicht *sichtbar*. Und in allererster Linie gilt das für die Frauen selbst. Ans Licht bringen: wahrnehmen, wertschätzen, ehren, wer sie wirklich sind, was sie tun – und hervorbringen, was in ihnen steckt.

Darum denke ich: Die Frauen in den Gemeinden sollen gar nicht groß etwas anderes machen, sich keine Dinge aus den Fingern saugen oder auf Krampf etwas veranstalten, nur um gesehen zu werden. Sie dürfen einfach nur – so wie sie sind – bewusst aus dem Schatten ins helle Licht treten. Weil sie wichtig sind und weil es gemeinsame Aufgaben zu tun gibt, die das Potenzial haben, etwas in der Welt zu verändern.

Darum ist es so wichtig, dass Männer und Frauen *gemeinsam* aufstehen. Nicht, damit sich die Frauen in den Vordergrund spielen, wenn sie endlich auch mal das Mikro in die Hand bekommen. Sondern? Weil das, was Frauen zu geben haben, so viel mehr ist, als es – vor allem ihnen selbst – erscheint. Serviettenfalten zur Ehre Gottes ist keine minderwertige Tätigkeit. Wenn wir mit Hochachtung und Sorgfalt die Servietten falten, schaffen wir einen Raum, in dem Menschen sich willkommen geheißen fühlen. Aus dem sie gestärkt, getröstet und aufgerichtet wieder gehen. Ist das nicht wertvoll? Und wenn eine andere lernt, eine Predigt zu halten, das Abendmahl auszuteilen oder andere, vermeintlich „männliche" geistliche Tätigkeiten auszuüben, warum sollten wir ihr das nicht zutrauen?

Der Heilige Geist und die Frauen. Was könnte alles geschehen, wenn man ihnen etwas mehr Raum gäbe, ein schönes, großes Frauenzimmer im Haus Gottes einrichtete ... Wenn man ein bisschen frischen Wind im Haus Gottes zuließe ... Und den Heiligen Geist? Dessen Wirken die Bibel auch als „Wind des Geistes" beschreibt. Wie wäre es, wenn man ihn ein wenig wehen ließe, wo er will? Ob das Haus dann offener wäre? Und ein bisschen mehr herein- und hinausweht? Ob dann mehr Licht in die Welt gelangt? Es könnte heller, lauter, sogar ein wenig unordentlich werden ab und zu. Wage zu träumen, Prinzessin ...

III.
Ganz normale Herrlichkeit

1. Die Königstochter erwacht

Liebe Königstochter, stell dir vor, du wachst eines
Morgens auf und willst wie jeden Morgen ins Bad
gehen. Dein Atem ist nicht gerade glorreich, deine Haare
sind plattgelegen (oder stehen in alle Himmelsrichtun-
gen), du hättest gestern Abend besser nicht mehr an dem
leidigen Pickel rumgedrückt. Im Vorbeigehen siehst du
im Badezimmerspiegel, dass deine Oberschenkel in Bo-
xershorts auch nicht mehr sind, was sie mal waren …

Ein ganz normaler Montagmorgen in einer ganz und
gar normalen Woche also. Du stiefelst unter die Dusche,
das Shampoo ist fast alle und macht beim Herausplop-
pen komische Laute. In Gedanken klebst du einen gelben
Post-it ans Hirn: Einkaufen gehen. Wattestäbchen nicht
vergessen. Reicht das Klopapier noch? Servietten, ach,
morgen Abend Essen mit Stefan und Vera. Passt die glat-
te schwarze Hose im Moment? Mit den neuen Schuhen
ganz schön, ach ja: Schuhe abholen.

Beim Abtrocknen ärgerst du dich über die Kalkränder
am Wasserhahn. Putzen, seufz, muss auch bald wieder
sein. In der Küche Wasser kochen, Toast schmieren, Ba-

demantel, laute Musik, Dankbarkeit über die entspannten Nachbarn bei erhöhtem eigenen Geräuschpegel. Die Mitbewohnerin schon aus dem Haus? Dein Mann schläft noch? Die Kinder müssen gleich geweckt werden? Denk dir einfach dazu, was deinen Jeden-Morgen-Morgen ausmacht.

Du bist die Tochter des allmächtigen, himmlischen Vaters, erinnerst du dich?

Du bist eine Prinzessin.

Richtig?

Wie stellst du dir das Erwachen einer Königstochter vor? Was für Bilder kommen dir in den Sinn, wenn du an „Prinzessin" denkst?

„Sissi!"

Ja, das war mal eine Prinzessin. Jedenfalls kann man sich anhand der alten Sissi-Filme, anhand von Romy Schneider, eine wahrhaft königliche Prinzessin vorstellen, oder? Die echte „Sisi", Kaiserin Elisabeth von Österreich, war in Wirklichkeit kreuzunglücklich. Um aber dem „Prinzip Prinzessin" auf die Spur zu kommen, folgen wir der Film-Sissi und stellen uns eine idealisierte Figur vor. Den Liebreiz, die reine, mädchenhafte Stimme, die schmale Taille, lange Haare, wallende Locken und kunstvolle Zöpfe wie eine natürliche Krone um das Haupt herum geflochten. So wacht eine Prinzessin auf, nicht wahr? In einem riiiiesigen Himmelbett mit schimmerndem Satin und duftigen Kissen. Viel Rosa, viel Weiß, Blüten, Stoff, Vorhänge, Decken und Lagen über Lagen von Spitze.

Die Prinzessin ist wie aus Marzipan. Wie aus dem Ei gepellt erwacht sie, schlägt die Augen auf, seufzt und räkelt sich. Aus dem Bett kommt sie gesprungen (nicht gekrochen) und hüllt sich in einen kostbaren Morgenmantel, dazu zauberhafte Pantöffelchen. Fröhlich startet sie in den Tag. Ein helles, huldvolles und doch königliches „Guten Morgen, Welt!" erklingt, wenn die Prinzessin erwacht ist.

Die Köstlichkeiten des Palastes stehen zu ihrer freien Verfügung. Alle Gärten und Flure, alle Ballsäle, Balkone und Bücher (und alles, was das Herz begehrt auf DVD, CD und MP3 sowie alle einschlägigen Zeitschriften im Abonnement). Ebenso gehören ihr große, begehbare Kleiderschränke, ganze Zimmer voller Garderobe mit unerschöpflichen Variationen an Kleidern und Schuhen, Jacken und Mänteln, passenden Hüten und Bändern. Unendliche Auswahl an Schmuck, Kopfschmuck und Frisuren (mit vielfältigsten Haartönungen, natürlich unschädlichen, und nie mehr selber fönen) ...

Auch wenn dieses Beispiel dick aufträgt – für mich gehören Fülle, Spaß an materiellen Dingen und frauliche Sinnesfreude zur Herrlichkeit von Gott dazu. Vielleicht fantasieren wir mal, dass Gott seinen Töchtern verschwenderische Fülle gönnt, dass sie ein Ausdruck – wenn auch nicht der wichtigste – seiner Herrlichkeit auf Erden ist. Es ist erlaubt, sich an der Üppigkeit, Vielfalt und Qualität aller Dinge zu erfreuen! So vieles steht zu deiner Verfügung! Auch ohne materielle Reichtümer. Denn deinem himmlischen Vater macht es Freude, seine Tochter zu verwöhnen. Sein erklärter Wunsch ist es, dass es dir gut geht. Sein Herz ist erfreut, wenn du dein Leben in seiner ganzen Fülle genießt. Kannst du dir das vorstellen?!

„Ein Herz und eine Krone"

Denken wir uns in noch ein anderes Beispiel hinein: Audrey Hepburn in dem Film „Ein Herz und eine Krone" ist auch eine Art königlicher Prototyp. Auch ohne Zepter und Robe, auch wenn sie nur ein schlichtes Kleid trägt und im Bett eines wildfremden Mannes erwacht, hat sie die Grazie und Anmut einer echten „Royal". Königliche Haltung, vornehm und doch natürlich und auch ungeschminkt berückend schön. Und irre schlank natürlich. Sie wacht auf und denkt, die Welt – vertreten durch Gregory Peck – läge ihr zu Füßen.

Er spielt allerdings nicht mit. Er ist kein Palastgeschöpf, und ihr formelles Gehabe wirkt schnell fehl am Platz. Obwohl sich schließlich herausstellt, dass sie innere Größe und Wesensmerkmale einer echten und würdigen Königstochter hat. Sie bewährt sich in unerwarteten alltäglichen Prüfungen an der Seite von Gregory Peck. (Wär' das nicht was? Den schönsten Mann der Welt neben sich und mit ihm lauter neue Dinge erleben und echte Abenteuer bestehen?!)

Die königliche Audrey Hepburn wagt einen Blick über den Tellerrand ihres Palastes und erlebt dabei so manche – auch unsanfte – Überraschung. Sie kehrt aus der Welt der Untertanen als eine veränderte Person freiwillig wieder in ihr Amt zurück. Ist sie bereit, das Zepter in ihrer Hand zu gebrauchen, um etwas in der Welt zu verändern?

Was ist in diesem Fall typisch für das Dasein einer Prinzessin? Audrey Hepburn repräsentiert nach außen hin das Reich ihres Vaters. Sie lebt ihr Leben in diesem Bewusstsein: Eine Prinzessin ist keine Privatperson. Ihr Leben ist einer höheren Sache unterstellt.

Auch Sissi wird (obgleich romantisch und verliebt) verheiratet, in der Hoffnung, dass ihre Heirat eine für das Reich vorteilhafte Allianz bildet. So trägt eine Königstochter Verantwortung weit über ihr persönliches Wohlbefinden und ihre Interessen hinaus.

Können wir davon auch etwas auf uns übertragen? Vergleichen wir unsere Zeit des Gebets mit einer Audienz beim König, wird deutlich: Wenn eine Angelegenheit mir wichtig ist, bringe ich sie mit Dringlichkeit vor den himmlischen Vater. Glaube ich daran, dass meine Gebete erhört werden? Dass Gottes Herz sich von meinem Herzen bewegen lässt? Dann erhalten meine Fürbitten Tragweite für die Geschicke und das Wohlergehen anderer Menschen. Hier verlassen wir den Spaßfaktor und die Sorglosigkeit, die am märchenhaften Prototyp der Königstochter so einladend sind. Denn wo Privilegien sind, sind auch Pflichten nicht fern. Auch das gehört zum königlichen Alltag einer Prinzessin.

ALLTAG EINER WACHGEKÜSSTEN PRINZESSIN

Wie könnte das Erwachen einer Prinzessin aussehen, die heute lebt? Ein modellhafter Tag im Leben einer Frau, die im Bewusstsein erwacht, dass sie Tochter des allmächtigen Gottes ist und doch einen stinknormalen Alltag vor sich hat.

Das Erwachen der Prinzessin – heute

Sie beginnt den Tag mit einem inneren „Guten Morgen", an ihre wichtigste, erste Bezugsperson in einem Leben voller Menschen. Gott ist ihr himmlischer Vater, und sie begegnet ihm mit Offenheit und voller Vertrauen, dass sie ihm wichtig ist.

„Herr, du durchschaust mich,
du kennst mich durch und durch.
Ob ich sitze oder stehe – du weißt es,
aus der Ferne erkennst du, was ich denke.
Ob ich gehe oder liege – du siehst mich,
mein ganzes Leben ist dir vertraut.
Schon bevor ich rede, weißt du, was ich sagen will.
Von allen Seiten umgibst du mich
und hältst deine schützende Hand über mir …
Du hast mich geschaffen – meinen Körper und meine
Seele, im Leib meiner Mutter hast du mich gebildet.
Herr, ich danke dir dafür, dass du mich so wunderbar
und einzigartig gemacht hast!
Großartig ist alles, was du geschaffen hast – das erkenne
ich!"   *(Psalm 139,1-5;13-14)*

Vielleicht ist sie unausgeschlafen, hat sie einen dicken Kopf oder einen harten Tag vor sich. Da sie den Tag nicht alleine meistern muss, sagt sie ihm alles, was heute vor ihr liegt, und dankt ihm, dass er sie durchs ganz normale Chaos leiten wird. Langsam wird sie wach. Und mit dem Aufstehen kommt Freude in ihr Herz und das Wissen, dass alles in ihrem Leben in den Händen ihres Vaters ist. Sie macht sich in ihrem Inneren auf, ihn besser kennenzulernen. Und so ist heute ein neuer Tag, an dem sie ein Stück Himmel auf Erden erleben wird – auch wenn heute vielleicht nur ein ganz normaler Dienstag ist.

Der Lauf der Gedanken

Statt ihren Gedanken nun freien Lauf zu lassen und sich selbst verrückt zu machen, gibt die Prinzessin gut auf sie acht. Wie schnell ist sie sonst dabei, ihre Gedanken in dieser kostbaren ersten Stunde des Tages von allem Möglichen, was sie anweht, bestimmen zu lassen. Als da wäre, die Einkäufe durchzugehen, die Gespräche vom Vorabend zu rekapitulieren, womöglich misstrauisch über die tiefere Bedeutung eines Nebensatzes nachzugrübeln (... ja, ja, die inneren Streitgespräche und alles, was man hätte sagen können), oder sich vor der Ausführung ihrer Pflichten (Hausarbeit, Büro, Apotheke, E-Mails lesen, Kindergeburtstag) zu gruseln.

Sonst ist sie plötzlich mitten im „Was, wenn?" und: „Wenn bloß nicht, sonst". Und schon wäre die ganze gute Nachtruhe und die Vorfreude auf alles, was heute geschehen kann, dahin. Die wache Prinzessin nimmt ihre Gedanken selbst in die Hand und lenkt sie in eine fruchtbare Richtung. Unter der Dusche lässt sie zum Beispiel einen klugen Satz aus der Bibel auf sich wirken: *Dein Wort ist meine Lieblingsspeise, es ist süßer als der beste Honig* (Psalm 119,103).

Manchmal summt oder singt sie ihrem himmlischen Vater ein Lied (wo sonst, wenn nicht unter der Dusche), seift sich dabei ein, wäscht sich die Haare.

Oder sie tritt im Gebet für die Menschen ein, die ihr nahestehen. Bei mir sind das gerade: Papa und Mama, U.V., Birgit und die Kinder, mein liebes Zündel, Jens, Mona und Andreas, Frauke und Steffi, der Boss und die neue Kollegin, die Frauengruppe, der Stadtteil, die Kanzlerin und die Obdachlose am U-Bahnausgang, Orla in Gambia, mein Sponsorenkind Happiness in Tansania und Menschen in Israel.

Währenddessen rubbelt sie ihre Haare trocken, setzt einen Kaffee auf, lüftet durch und macht das Bett. Sie sorgt sich nicht, sondern spricht ihre Worte (laut oder in Gedanken, je nachdem, wen sie um die Uhrzeit sonst wecken würde) mit Nachdruck und Mut. Die Prinzessin weiß einfach, dass ihr Wort im Königreich Gewicht hat, weil sie im Namen seines Sohnes Jesus Christus bittet: *„Worum ihr in meinem Namen bitten werdet, das werde ich tun, damit durch den Sohn die Herrlichkeit des Vaters sichtbar wird. Was ihr also in meinem Namen erbitten werdet, das werde ich tun"* (Johannes 14,13-14).

So erfüllt sie der Lauf der Gedanken, den sie selbst bestimmt, mit Freude und schützt sie vor Sorgen, die sie herunterziehen würden. Gottes Liebe und sein großes Ja zu ihr sind wie schöne, weiße Kleider, die sie jeden Morgen frisch anziehen kann (soll die Seele etwa nackt aus dem Haus gehen?).

Wenn ihr Körper auch nicht makellos und ohne Fehler ist (solange wir auf Erden sind, bleibt alles hübsch irdisch, Prinzessin), so ist sie es doch im Geist. Und das auf ewig, egal, was geschieht (Unfall, Rückfall, Orientierungslosigkeit, Scheitern, Depression, Arbeitslosigkeit, Liebeskummer, Beziehungsdrama, Scheidung, Verlust eines geliebten Menschen, Betrug, Zweifel, Verzweiflung, Alter, Krankheit, Tod). Jesus hat versprochen: „Ich bin immer bei euch, bis das Ende dieser Welt gekommen ist!" (Matthäus 28,20)

Gut vorbereitet ist halb gewonnen

Was der Tag auch bringen mag (Alltag gleitet schließlich nicht ebenmäßig dahin) – die Prinzessin ist durch diese Ausrichtung (wie ein Kompass auf den Norden) für alle Fälle gerüstet. Wenn es Ärger beim Amt gibt, weil der Antrag noch in der Schwebe hängt, die Kinder wieder Zoff auf dem Nachhauseweg haben, sich die Anspannung im Büro nicht legt oder das Telefon keine Minute stillsteht, wenn sich die Erledigungen auftürmen und keine Ruhe für einen klaren Gedanken bleibt.

Ihr ist bewusst, dass sie sich auch heute wieder auf etwas gefasst machen kann. Obwohl ihr König regiert, hat er Feinde, die seine Kinder beunruhigen, wenn sie nicht wachsam sind. Denn sie lebt nicht in einer knautschfreien Zone, sondern in einer Welt, in der sich Freude und Frieden nicht von selbst ausbreiten.

Die Prinzessin wird kämpfen müssen – nicht nur für sich selbst, sondern auch um derer willen, die sie liebt – gegen Ängste (vor Ablehnung, zu versagen, verlassen zu werden, vor Gefühlen), Krankheit und Sorgen (ob die Medikamente langsam anschlagen, ob das Geld ausreicht) und vor allen Dingen gegen Lieblosigkeit und Gleichgültigkeit, denn in ihrer Welt wird das Zusammenleben von Egoismus, Stolz und Härte bedroht (wo jeder sich selbst der Nächste ist).

Durch das große Ja ihres Vaters, das ihr in Haut und Haar übergeht, ist die Prinzessin für den Rest des Tages an Körper, Geist und Seele gut gerüstet. Sie hat ihren Stil gefunden, weiß, wer sie ist, und macht daraus – in Demut und Herrlichkeit – ihr Bestes.

2. Töchter Gottes

Zum Leben erwacht

So, und jetzt wieder zurück zu dir und mir und wie ich mir den Rest des Lebens vorstelle – unser wachgeküsstes Dasein – als quietschlebendige Prinzessin Gottes.

Ich werde dir nicht sagen können, wie dein Leben auszusehen hat. Das Reich Gottes, in dem du als Tochter des allmächtigen Königs wirkst, ist nicht an bestimmte Lebensumstände und festgelegte Praktiken gebunden. Und das ist wunderbar so. *„Das Reich Gottes ist nicht Essen und Trinken, sondern Gerechtigkeit, Friede und Freude im Heiligen Geist"* (Römer 14,17).

Finde heraus, was dich aufleben lässt

Freude und Frieden, wo findest du sie? Ob du nun am liebsten für andere kochst, backst oder singst, ob du dich mit Gottes Hilfe traust, die Ausbildung in deinem Traumberuf zu machen oder dich mit dem Rückenwind des Heiligen Geistes selbstständig machst und ein Geschäft eröffnest. Vielleicht bist du im Umgang mit Zahlen in deinem Element und kannst anderen dadurch helfen. Vielleicht sind Kinder dein Ding oder ältere Menschen. Manche haben Freude, wenn sie mit Menschen am Rande der Gesellschaft umgehen. Andere dienen Gott mit ihren Finanzen, indem sie Leuten Dinge ermöglichen, die sie sonst nicht hätten tun können. Deinen Möglichkeiten sind keine Grenzen gesetzt! Tanze, stricke, telefoniere oder bete für Menschen. Finde heraus, wobei du auflebst, und tue es von ganzem Herzen, mit all deiner Kraft und deinem ganzen Verstand! Das ist der Wille Gottes für dein Leben, daran glaube ich.

Am Küchenschrank meiner Freundin hing ein Spruch, der es am besten auf den Punkt bringt: *„Frage dich nicht,* *was die Welt braucht. Finde heraus, wobei du zum Leben erwachst, und dann geh und tu es. Denn was die Welt braucht, sind Menschen, die zum Leben erwacht sind."*

Christsein oder Nachfolge Jesu auf einen Katalog von Regeln und Methoden runterzukochen, ist das Gegenteil von dem, was Jesus wollte. Wie dein wachgeküsstes Dasein aussieht, ist vielfältig, je nachdem, wo du gerade stehst, was Gott sich mit deinem Leben vorgenommen hat und welche Gaben und Talente er dir – für dein Leben in deinem speziellen Umfeld – an die Hand gegeben hat. Es ist an dir herauszufinden, wie du mit Gottes Hilfe und allem, was in dir steckt, dafür sorgen kannst, dass sein überfließendes Leben in dir ist. Und was du dafür tun kannst, damit es aus dem inneren Überfluss heraus auf deine Umwelt überschwappt.

Kein Stress!

Eine der vielen schönen Seiten daran, als Prinzessin im Reich Gottes zu leben, ist die Tatsache, dass wir nicht unser eigenes Reich bauen. Wenn ich mir vorstelle, dass ich mein Leben zu Beginn jedes Tages in die Hände Gottes legen darf, ist am Ende das, was dabei herauskommt, Chefsache, nicht mein eigenes Wirken. Entspannt dich das auch ein bisschen?

Wir sind sozusagen eine Saat, die Gott selbst ausstreut, hegt und pflegt, damit wir einen Tag nach dem anderen ein Stückchen wachsen und schließlich das hervorbringen, was er in uns gelegt hat. Ein Apfelbaum muss sich nicht anstrengen, Äpfel zu tragen, oder verzweifelt versuchen, Kirschen zu produzieren. Darum verwirklichen wir nicht uns selbst. Unsere ganz verschiedenartigen Lebenspflänzchen verwirklichen das, was Gott sich vorgestellt und in jedem einzelnen Samen angelegt hat.

Also entspann dich, meine Schöne! Wachse einfach – bei ihm und mit ihm verbunden. Unsere Herzen sind in gute Erde gepflanzt und werden regelmäßig mit Licht und lebendigem Wasser versorgt.

Die Verwirklichung meiner selbst stelle ich mir immer irgendwie krampfhaft und eher einsam vor (ich – mir – meiner – mich – selbst). Mit Jesus zu leben erlebe ich dagegen eher gesellig, lehrreich, abwechslungsreich und bunt und manchmal sogar gemütlich. Stell dir mal vor, wie die Jünger gelebt haben müssen, die Jesus nachgefolgt sind. Man wusste nie, was als Nächstes kam: Mit wem er sich heute anlegen, wie er heute heilen, welches Wunder er tun und welche neue Geschichte er ihnen erzählen würde.

In seinen Beispielen verwendete Jesus auffallend häufig Bilder über das „von selbst wachsen". Wir brauchen nicht danebenzustehen und an den Pflänzchen zu „ziehen": ein klitzekleines Senfkorn, das kleinste Saatkörnchen, aus dem ein großer Baum wird, unter dem die Vögel Schatten finden (Lukas 13,18), ein Licht, das jemand unter einen Hocker stellt, statt es hell leuchten zu lassen und anderen damit Licht zu spenden (Matthäus 5,14), Sauerteig, der den übrigen Teig durchdringt (Lukas 13,20). Du kannst das mal in den vier Evangelien nachlesen, wenn du Lust hast. Meist sind es die kleinen, scheinbar banalen Dinge, die auf die großen Wahrheiten hinweisen. Jesus zeigt uns damit Möglichkeiten, ohne uns auf einen Katalog von „müsste, sollte, darf nie" festzunageln.

Das Einfache ist oft das Richtige

Eigentlich hat Jesus naheliegende Dinge getan. Er war in der Regel unter Menschen – oder allein mit dem Vater. Wir finden ihn unterwegs, ansprechbar, berührbar, im Gespräch mit Menschen, die er heilt, denen er etwas erklärt, die er mit Essen versorgt, die er zum Staunen bringt, mit Wahrheit konfrontiert, verärgert. Er war immer bereit, auf Hilfesuchende individuell einzugehen, wie es ihm vom Vater gezeigt wurde.

Aber seine Worte wurden von Taten bestätigt, und wo Jesus auch war, brachte er Leben. In seinem Fahrwasser gab es Vergebung, Frieden mit Gott, Heilung, Wiederherstellung und Freiheit für alle, die davon etwas wissen wollten.

Jesus war „immer im Dienst" und wirkt auf mich dennoch nicht gestresst. Wir finden ihn – zum Ausgleich – auch im Gebet zurückgezogen oder mit seinen Freunden essend und trinkend, auf Festen. Ein ganz bodenständiges, irdisches, „normales" Leben, wie Menschen es nun einmal führen. Und doch hat uns Jesus damit gezeigt, wer Gott ist. Denn er war Gott in unserer Haut, in unseren Schuhen: Berührbar, belastbar, kompromisslos *für* Menschen, ohne Angst, andere vor den Kopf zu stoßen, unterwegs sein Leben im Auftrag des Vaters hinzugeben.

Wenn wir uns ganz an Gott zur Verfügung stellen und unser Leben unter seiner Leitung an die Menschen um uns verschenken, sind wir Jesus ganz dicht auf der Spur. Denn so hat er es vorgelebt und so, sagte er, sollen wir es ihm nachtun. Wer ihm nachfolgen will, wird da sein, wo er ist.

Dann sucht dieses Leben nicht sich selbst, sondern sucht Gott. Uns selbst und unser ganzes Potenzial im Sinne Jesu zu verwirklichen, heißt dann: in Hingabe und Freude leben.

Wer sich *selbst* um jeden Preis im Leben „verwirklichen" will, wird – nach dem Verständnis der Bibel – am Ziel des Lebens vorbeischießen. Hierfür ein Beispiel aus dem praktischen Leben:

Ich hatte mir Urlaub genommen, es war Herbst, so richtiges „Tee & Kekse"-Wetter, bei dem ich nichts lieber wollte, als mich mit einem guten Buch aufs Sofa – oder noch besser ins Bett – zu kuscheln. Hatte ein paar sehr anstrengende Monate hinter mir, brauchte Erholung. Die Pause kam gerade recht.

Da rief eine liebe alte Freundin an, die ich schon eine Weile nicht gesehen hatte. Sie hatte eben den Vertrag für eine neue Wohnung unterschrieben und nun genau eine Woche Zeit zum Renovieren und alles auf Vordermann zu bringen. Dann musste sie einziehen. Farbeimer und Zubehör im Baumarkt kaufen, in den vierten Stock schleppen, Papier auslegen, Kanten abkleben und bei spärlicher Beleuchtung alle Zimmer, Bad, Küche und Flur streichen.

Das war so ziemlich das Letzte, wozu ich gerade Lust hatte! Gott ... was sollte ich tun?

Alle ihre anderen Freunde waren berufstätig und ich hatte Zeit. Viel Zeit. Kostbare Zeit. Die Entscheidung fiel mir nicht leicht. Widerstrebend holte ich ein paar olle Klamotten, die noch Farbklekse von der letzten Renovierung hatten, vom Dachboden, zog mir die verschmutzten Turnschuhe an und marschierte los.

Das war ein ganz konkreter Moment, in dem ich mich entschied, meine Wunschvorstellung loszulassen und dahin zu gehen, wo ich gerade gebraucht wurde. Auch wenn es sich ein bisschen anfühlte wie „sterben" und gar nicht „glorreich". Aber ich spürte, dass ich das Richtige tat, dass Jesus da „drin" war. Und ich habe es auch keine Sekunde bereut, im Gegenteil. Ich hatte eine gute Zeit, wir hatten schöne Gespräche über Gott, die Welt, ihr und mein Leben. Am Ende war unsere Freundschaft ebenso aufgefrischt und erneuert wie die Wohnung.

Welchen Anteil diese Woche Knochenarbeit daran hatte, dass sich eine Menge Dinge im Leben meiner Freundin zum Guten wendeten, weiß ich nicht. Es war auch nicht meine Absicht, dass sie daraufhin häufiger mit in die Gottesdienste kam und sich ein knappes Jahr später taufen ließ. Das ergab sich ganz von selbst. Ich hatte mich einfach entschieden, dass ich bereit war, mein Leben zur Verfügung zu stellen – auch dann, wenn es einen Preis kostete, auch dann, wenn es mir nicht in den Kram passte.

Wer sich selbst um jeden Preis im Leben verwirklichen will, wird – nach dem Verständnis der Bibel – am Ziel des Lebens vorbeischießen. Wir sind im Glauben dann in unserem Element, wenn wir immer wieder frisch den Willen des Vaters erfragen und tun. Am meisten persönliche Erfüllung finden wir dann, wenn wir uns selbst aus den Augen verlieren und seine Ziele verfolgen.

Ich hätte eine wunderbare Chance verpasst, genau in jenem Zeitraum im Leben meiner Freundin als menschliche „Weiche" auf ihrem Weg mit Gott zu fungieren. Vielleicht hätte ich mehr geschlafen, vielleicht einen guten Roman durchgelesen, gemütliche Stunden auf dem Sofa verlebt. Aber so hat diese eine kleine, kostbare Woche ganz andere Spuren hinterlassen als ein Bequemlichkeitskilo auf der Waage.

Heißt „uns Gott zur Verfügung stellen" aber, dass wir immer Ja sagen müssen, wenn wir gefragt werden? Verlieren wir uns auf den Spuren Jesu in geschäftiger Betriebsamkeit? Heißt dem Beispiel Jesu zu folgen, dass wir uns als „gute Christen" von den Erwartungen unserer Umgebung steuern lassen? Das wäre ein Missverständnis.

Die praktische Nächstenliebe, wie Jesus sie uns vorgelebt hat, funktioniert von innen nach außen, nicht umgekehrt: Ich tue etwas aus Liebe, nicht um mir damit die Liebe eines Menschen oder das Wohlwollen Gottes zu verdienen.

In meinem Beispiel hat mich die Liebe, die ich von Jesus bekam, motiviert, meiner Freundin zu helfen; ich fand darin meine Erfüllung und meinen „Lohn". Als ich in meinen Malerklamotten bei ihr auf der Matte stand, war ich bereits mit dem Verlust der Urlaubswoche versöhnt und nicht darauf aus, Punkte bei Gott zu sammeln oder durch Hilfsdienste mein Selbstwertgefühl aufzubessern.

Ich glaube nicht, dass du Gott durch Diensteifer und gut gemeinte Werke zu beeindrucken brauchst. Die Zusage Gottes steht: Er hat sich bereits im Voraus für dich entschieden, seine Liebe ist vollständig und bedingungslos. Aber verstehen wir doch Jesu Vorbild als die weiseste, beste Empfehlung für ein Leben mit Gott, wie er es sich für uns vorstellt! Er verspricht uns, wenn wir an ihn glauben, „Leben im Überfluss" (Johannes 10,10).

Buchstäblichen *Überfluss* bekam ich am Ende dieser Woche geschenkt. Nicht von meiner Freundin, sondern aus ganz anderer, unerwarteter Richtung. Eine andere Freundin rief mich an, ob ich Lust hätte vorbeizukommen. Es war mein letzter „freier" Abend und ich atmete tief durch, weil ich eigentlich nicht mehr aus dem Haus gehen wollte. Aber sie deutete an, dass sie gerade am Aussortieren alter Kleidungsstücke sei. Sie machte das, um in ihrem eigenen Geschäft, in dem sie Kleidung verkaufte, regelmäßig neue Outfits zu tragen. Da ich zu der Zeit knapp bei Kasse war und nicht mehr so viel Spaß an meinen Sachen hatte, schien es mir eine willkommene Gelegenheit, den Inhalt meines Kleiderschranks aufzufrischen. So fuhr ich hin.

Nach einem gemütlichen Abendessen gingen wir in ihr Schlafzimmer, und ich kam aus dem Staunen nicht mehr heraus: Ganze Berge von Hosen, Röcken, Blusen,

Jacken und Pullovern hatte sie für mich herausgehängt! Ein Stück war schöner als das andere und fast alles passte wie angegossen! Ich kam mir vor wie ein Kind im Spielzeugladen. Die Farben, Schnitte und Stoffe – von elegant und sportlich-praktisch bis ausgefallen – alles gefiel mir und entsprach so ganz meinem Geschmack. Ich musste mehrmals zum Auto gehen, weil alles gar nicht auf einmal zu verstauen war.

Auf dem Rückweg heulte ich hemmungslos, staunend und überwältigt von Dankbarkeit. Für mich fühlte sich das an wie ein breites Grinsen: „Siehst du, mein Mädchen? Ich weiß doch, was du brauchst. Tu du einfach meinen Willen. Ich sorge für dich."

Was ich daraus für mein Leben lernte: Ich kann mich getrost hintanstellen – bei Gott komme ich nie zu kurz. Bei aller „Selbstlosigkeit", mit der ich die wohlverdiente Urlaubswoche verschenkt hatte, war der überraschende Kleidersegen ein Geschenk, das ganz auf mich zugeschnitten war. Meine Persönlichkeit, meine persönlichen Wünsche und Vorlieben, so schließe ich daraus, müssen nicht „sterben", wenn ich Jesus an die erste Stelle setze. Im Gegenteil.

Bereit sein innezuhalten

Das wichtigste Gebot, das Jesus vor seinem Tod seinen Jüngern auf den Weg mitgab (siehe Johannes 13,34-35), war, dass sie sich gegenseitig lieben sollten, wie er sie geliebt hatte: selbstlos und hingebungsvoll, mit Worten und mit Taten. An dieser Liebe sollten sie zu erkennen sein. Diese Liebe ist auch heute noch Markenzeichen von Menschen, die ihr Leben mit Jesus führen. Wie das im Alltag aussieht, Prinzessin, ist wahrscheinlich seltener ein Gefühl, das einem warm und wohl im Bauch sitzt, als eine Haltung, zu der wir uns immer wieder neu entscheiden können (und manchmal durchringen müssen). Es ist die Bereitschaft, innezuhalten, anzuhalten und sich von eigenen Vorhaben oder dem Terminkalender abhalten zu lassen, wenn wir das leise Ziehen am inneren Ärmel verspüren: „Schau hin. Geh hin. Rede mit der Person. Gib ihr etwas. Bete für sie."

Liebe ist eine Entscheidung, wenn wir mittendrin in etwas sind, dann mit der großen oder kleinen Not eines anderen Menschen konfrontiert werden und nicht daran vorbeigehen. Sondern uns davon berühren lassen, wie kurz und unscheinbar es auch sein mag, statt unseren Weg fortzusetzen, unserer eigenen Agenda Vorrang zu geben.

So hat Jesus es gemacht. So hat eine Freundin es gemacht, als wir in einer kleine Gruppe Mittagessen gehen wollten und dabei an einer obdachlosen Frau vorbeikamen. Sie saß am Boden und weinte. Meine Freundin spürte den Impuls anzuhalten und hockte sich neben die Frau. Wir anderen warteten.

Nach kurzer Zeit kam sie wieder zu uns und ich sah, dass sie der Frau ihren neuen, zartrosa Schal mit der Stickerei geschenkt hatte, den sie sich selbst erst nach langem Überlegen gegönnt hatte.

„Warum hast du das getan?", fragte ich.

„Weil sie sich wertlos fühlte", lautete ihre Antwort.

Die junge Obdachlose hatte ihr erzählt, dass sie in der vergangenen Nacht bei einer öffentlichen Anlaufstation Hilfe gesucht, aber draußen auf dem Hof vergewaltigt worden war. Was genau hinter der Geschichte steckte, konnte meine Freundin in dem Augenblick nicht erfahren. Sie konnte ihr nicht helfen, es nicht ungeschehen machen. Aber sie hatte ihr zugehört und ihr versichert, dass sie in Gottes Augen kostbar sei. Sogar ein kurzes Gebet hatte sie für die junge Frau auf deren Wunsch hin sprechen können.

Und das war es dann schon. Keine zehn Minuten. Und doch nahm die Gnade, Liebe und Barmherzigkeit Jesu in dieser Situation eine konkrete Gestalt an: in zartrosa Form mit kostbarer Stickerei.

KÖNIGSTÖCHTER MIT AUTORITÄT

Mit Widerständen umgehen

Ich will dir nichts vormachen. Wenn auch deinen Möglichkeiten in Christus keine Grenzen gesetzt sind, so gibt es doch Grenzen. Gibt es Dinge, die gut für uns sind, und andere, vor denen Gott uns bewahren möchte – wenn wir auf ihn hören. Und es gibt Widerstände. Jesus hat seinen Nachfolgern mehrfach gesagt, dass sie sich auf Schwierigkeiten gefasst machen sollen. Denn der Feind ist ebenfalls lebendig, hellwach und legt sich auch so bald nicht schlafen. Er tötet, stiehlt und zerstört Leben, wo er kann (Johannes 10,10). Und je mehr du aufwachst und dich aufmachst, in deiner wahren Schönheit zu leuchten, zu lieben und zu leben, wie Jesus uns lehrt, desto mehr wirst du realisieren, dass wir in einem täglichen Kampf stehen. Aber keine Bange, der Sieger des Kampfes steht bereits fest und wir haben alles bekommen, was wir brauchen, um siegreich zu leben. Auch nächsten Montag noch, Dienstag und Mittwoch, und so weiter.

Die Bibel zeigt uns, wie wir das machen können: Indem wir nämlich glauben. Ganz einfach eigentlich. Aber was heißt das konkret? Und was, bitte schön, soll ich glauben? Ich mache es mir immer anhand meiner Antifalten-Kosmetik klar: Ich kann die besten Töpfe, Tiegel und Tuben in meinem Badezimmerschränkchen haben. Erst wenn ich die Cremes tatsächlich auf meine Haut auftrage und regelmäßig benutze, werden sie die gewünschte Wirkung haben ... So ermutigt uns die Bibel an vielen Stellen, unseren eigenen Gedanken und Ängsten nicht zu viel Gewicht beizumessen, sondern uns darauf zu verlassen, dass Gott der ist, für den er sich ausgibt: ein liebender Vater, Versorger, Arzt, Helfer, Tröster und Ratgeber, der gute Pläne für uns hat, ein Guter Hirte, der seine Schäfchen nicht im Stich lässt, sondern ihnen Leben, Frieden und Freiheit gibt.

„Fürchte dich nicht!", steht über hundertmal in der Bibel. Solche Worte und Gedanken Gottes können wir über andere Gedanken stellen und sie „anwenden" (wie die Antifaltencreme). Indem wir bewusst entscheiden, dem zu vertrauen, was Gott sagt, stellen wir die biblische Wahrheit über die augenblicklichen Fakten. Denn die Fakten haben nicht das letzte Wort, wenn wir Gott ein Wörtchen mitreden lassen! Dabei ist die regelmäßige Anwendung und bewusste Inanspruchnahme der Zusagen, die wir in der Bibel finden, meiner Erfahrung nach das Geheimnis – wie bei guter Kosmetik. Sie hat die beste Chance, bei uns die gewünschte Wirkung zu erzielen, wenn sie uns buchstäblich in „Haut und Haar" übergeht!

Darum ist das Wort Gottes eine wirksame Waffe und wird in der Bibel mit einem Schwert verglichen (Epheser 6 und Hebräer 4,12). Denn in der konkreten Anwendung dessen, was die Bibel sagt, steckt ungeheure Kraft. Kaum etwas kann uns stoppen, wenn wir uns der Autorität bewusst werden, die wir als Töchter Gottes von ihm übertragen bekommen haben. Und anfangen, diese Autorität einzusetzen, um Dinge in unserm Leben, in unserem Umfeld, in der Welt zu verändern.

„Mein Ding" durchziehen?

Es wäre wunderbar, wenn dir beim Lesen ganz viele Ideen und Möglichkeiten eingefallen sind, was du schon immer einmal machen wolltest, welchen Traum du nun endlich in die Tat umsetzen willst und wie du dich nun auf den Weg machen kannst. Abgesehen von seinen Worten und Taten gibt uns Jesus dazu noch einen weiteren Schlüssel: delegierte Autorität. Genau wie Jesus selbst immer wieder betont, dass er seine Wundertaten in der Autorität seines Vaters vollbringen konnte, so hat er wiederum seine Nachfolger beauftragt, in *seinem* Namen zu beten und dem Feind in *seiner* Autorität entgegenzutreten – in delegierter Autorität also.

Jemand hat mir das einmal anhand eines Polizisten erklärt, der eine sechsspurige Straße sperren soll. Durch seine Uniform ist allen klar, dass dies nicht einfach ein Größenwahnsinniger ist, der spontan beschlossen hat, ein bisschen Verkehrschaos zu stiften. Uniform und Kelle genügen, um die Autofahrer dazu zu bewegen anzuhalten, wenn er nur die Hand hebt. Weshalb? Weil er eine Autorität repräsentiert, der sich alle Verkehrsteilnehmer unterzuordnen haben. Das ist keine Ansichtssache. Es muss nicht diskutiert oder verhandelt werden. Und es ist auch nicht von der Tagesform des Polizisten abhängig. Er braucht nicht gut ausgeschlafen zu sein, um die Straße zu sperren. Wie er sich fühlt, spielt keine Rolle dafür, dass der Verkehr stoppt.

So ist der Mensch, der in der Uniform steckt, gleichermaßen geschützt: Er kann seinen Job machen, ohne überfahren zu werden, weil er (hoffentlich) nicht einfach „sein Ding" macht. Seine Uniform übt die nötige Autorität aus, die er braucht, um den Auftrag auszuführen, den er von seinem Vorgesetzten für diesen Tag bekommen hat.

Das heißt auf unser Leben übertragen: Unsere Autorität ist dann am größten und am wirksamsten, wenn sie in direkter Weisung – nicht selbst bestimmt und willkürlich – ausgeübt wird. Wir tun es Jesus dann gleich, Prinzessin, wenn wir von Gott beauftragt und vom Heiligen Geist ausgerüstet losmarschieren. Dann tragen wir – im geistlichen Sinne – unsre Uniform. Delegierte Autorität üben wir aus, wenn wir in Jesu Namen, also auch in seinem *Sinne*, handeln. In der Unterordnung ehren wir ihn, und er kann uns seine Aufgaben getrost anvertrauen, egal, wie klein oder groß sie sind. Und ganz „irdisch" ist unsere Autorität dort am größten, wo wir von unseren Leitern oder unserer Chefin ermächtigt werden. Oder in Absprache mit unserem Ehemann, Vater, unserer Mutter oder unserem Pastor handeln. Setzt das deinem Entusiasmaus einen Dämpfer auf, weil du das Gefühl bekommst, nicht „dein Ding machen" zu können? Schön, wenn dem nicht so wäre.

Es wäre wunderbar, wenn eine Heerschar wachgeküsster Prinzessinnen aufsteht – nicht eine Horde „wildgewordener" ... Es wäre herrlich, Frauen zu erleben, die aufwachen, die eigene Schönheit zu entdecken und mit ganzer Kraft das Potenzial zu verwirklichen, das Gott in sie hineingelegt hat. Doch wenn es sich im Rahmen einer Familie, Gemeinde oder Arbeitsstelle entfalten soll – sprich: mitten im wirklichen Leben –, ist das kein kollektiver „Egotrip". Das Abschütteln von alten Fesseln ist notwendig (ob das jetzt Ausreden, Minderwertigkeitskomplexe oder andere, praktische Hindernisse sind, die dich bisher zurückgehalten haben). Aber es soll nicht in Rücksichtslosigkeit umschlagen und auf Kosten anderer gehen. Gesunde Selbstliebe und -wertschätzung ist Teil der königlichen Uniform, die wir tragen. Kein Mensch kann sie uns nehmen oder in Abrede stellen (wachgeküsst *bleiben* ist angesagt). Und doch steht deine Wichtigkeit (du bist wichtig! Kraftvoll! Schön!) nicht im Widerspruch dazu, dass andere in deinem Leben es auch sind. Ein Leben – in der Nachfolge Christi

– gestaltet sich immer *mit* anderen. Liebe, Gemeinschaft, Beziehung sind nach dem Beispiel Jesu die Hauptsache. Liebevoller Umgang ist das Erkennungszeichen, dass ich Gott und den Nächsten liebe wie mich selbst.

Zusammenfassung

Lass mich noch einmal zusammenfassen, wie ich mir – alles in allem – eine quietschlebendige und durch und durch geistlich wache Prinzessin vorstelle. Ähnlichkeiten mit lebenden Personen wären nicht zu vermeiden und in jedem Falle wünschenswert. Aber versteh es bitte nicht als geistliche Brigitte-Diät, die man ja doch nie länger als eine Woche durchhält, sondern wie eine Checkliste, mit der ein Pilot vor dem Abflug die Instrumente abfragt:

Die erwachte Prinzessin heute – liebt Gott über alles

Sie gibt ihm die oberste Priorität ihres Tages. Sie sucht ihn bewusst und verbringt Zeit im bewussten Zwiegespräch mit ihm zur Freude und Ausrichtung. Ob das jetzt am Morgen geschieht oder im Laufe des Vormittages, wenn die Kinder aus dem Haus sind, oder nachmittags beim Bügeln, abends oder erst am Ende ihres Tages im Bett ... sie macht es, wann es ihr am besten passt (und soll dich nicht stressen, meine Liebe!). Hauptsache: Sie lebt ihr tagtägliches Leben mit Gott. Er versorgt sie im Überfluss und seine himmlische Kreditkarte schenkt ihr alle Freiheiten, Segen und Gnade an andere weiterzugeben. Ihre Haltung ist geprägt von Hoffnung und Dankbarkeit, und sie hält laufende Rücksprache (Beten kann wie Atmen sein).

Ein Schriftgelehrter fragte Jesus: „Lehrer, welches ist das wichtigste Gebot im Gesetz Gottes?" Jesus antwortete ihm: „Du sollst den Herrn, deinen Gott, lieben von ganzem Herzen, mit ganzer Hingabe und mit deinem ganzen Verstand! Das ist das erste und wichtigste Gebot." (Matthäus 22,36-38).

Die erwachte Prinzessin heute – liebt sich selbst

Die Liebe Gottes ist das Fundament ihrer Schönheit. Sie nimmt sich wichtig und weiß, was sie mag, was sie begeistert und womit sie Schwierigkeiten hat, ohne sich zu verstecken. Frei und hoffnungsvoll steht sie zu sich, wie sie ist. Sie sorgt liebevoll und aufmerksam für ihren Körper, ihre Seele und ihren Geist. So übernimmt sie die Verantwortung für ihr eigenes Wachstum und ihre Stärke, teilt ihre Zeit und ihre Mittel gut ein, ohne sich dabei nur um sich selbst zu drehen. Wie es in dem schon genannten Psalm heißt:

Herr, ich danke dir dafür, dass du mich so wunderbar und einzigartig gemacht hast! Großartig ist alles, was du geschaffen hast – das erkenne ich!
(Psalm 139,14)

Die erwachte Prinzessin heute – liebt ihre Mitmenschen

Ihre Liebe ist praktisch. Sie setzt sich gerne für andere Menschen und ihre Belange ein. Ihre Familie, ihre Freunde und ihr unmittelbares Alltags-Umfeld gehen sie ebenso an wie ihr entfernter Umkreis. Geben und Nehmen gehören genauso zu ihrem Leben wie Spaß und Sorgen. Ihre Beziehungen sind geprägt von gegenseitiger Achtung und Offenheit – wer mit ihr Umgang hat, weiß, woran er ist.

Bleibt keinem etwas schuldig! Eine Verpflichtung allerdings könnt ihr nie ein für alle Mal erfüllen: eure Liebe untereinander. Nur wer seine Mitmenschen liebt, der hat Gottes Gesetz erfüllt. Die Gebote: „Du sollst nicht die Ehe brechen; du sollst nicht töten; du sollst nicht stehlen; begehre nicht, was anderen gehört" und alle anderen Gebote lassen sich in einem Satz zusammenfassen: „Liebe deinen Mitmenschen wie dich selbst." Denn wer seinen Mitmenschen liebt, tut ihm nichts Böses. So wird durch die Liebe das ganze Gesetz erfüllt. (Römer 13,8-10).

Findest du dich hierin wieder, meine liebe Freundin?

Du bist die Tochter des allmächtigen, himmlischen Vaters. Du bist die kostbare Braut, für die Jesus Christus sein Leben gegeben hat. Er liebt dich leidenschaftlich, und seinen Fußspuren kannst du folgen, in seinem Namen kannst du kämpfen. Der Heilige Geist wird dir helfen, bei allem, was du tust. Vergiss das nie.

Du bist eine Prinzessin.